ein Ullstein Buch

Ullstein Buch Nr. 2918
im Verlag Ullstein GmbH,
Frankfurt/M – Berlin – Wien
Der in diesem Ullstein-
Taschenbuch veröffentlichte
Beitrag erschien als Kapitel X
des Werkes *Main trends
of research in the social
and human sciences –
Part I: Social sciences,*
das 1970 von der Unesco
in Zusammenarbeit mit dem
Verlag Mouton herausgegeben
wurde.
Titel des Originalbeitrages:
Cross-cultural,
cross-societal and
cross-national research
Übersetzt von Angela Adams

Deutsche Erstausgabe

Umschlagentwurf:
Kurt Weidemann

Printed in Germany 1972
Gesamtherstellung:
Ebner, Ulm
ISBN 3 548 02918 3

Stein Rokkan

Vergleichende Sozialwissenschaft

Die Entwicklung
der inter-kulturellen,
inter-gesellschaftlichen und
inter-nationalen Forschung

Hauptströmungen
der sozialwissenschaftlichen
Forschung

Herausgegeben
von der Unesco

ein Ullstein Buch

Inhalt

Dieser Beitrag will wenige herausragende Trends in den im zwanzigsten Jahrhundert unternommenen Versuchen nachzeichnen, die Sozialwissenschaften international zu betreiben.

Es gibt viele Wege, in einer Wissenschaft international zu arbeiten: durch Zirkulation von Manuskripten und Austausch von Wissenschaftlern, durch Organisation von Konferenzen und Kongressen, durch Austausch von Daten aus Beobachtung und Experiment, durch Koordination von Forschung, durch die eine oder andere Art, eine kooperative Institution aufzubauen... Dieses Kapitel wird nicht über alle Wege zur internationalen Zusammenarbeit berichten; es wird eine einzige Bewegung in der gegenwärtigen Sozialwissenschaft in den Brennpunkt stellen: die Versuche, komparative Forschung inter-kulturell (cross-cultural), inter-gesellschaftlich (cross-societal) und international (cross-national) voranzutreiben.

Historiker der Entwicklung der Wissenschaften stimmen darin überein, daß man einige Wege zur internationalen Arbeit unterscheiden sollte. In den Sozialwissenschaften können wir die Hochs und Tiefs des internationalen Austauschs von Manuskripten, Monographien und Aufsätzen verfolgen und wir können eine Karte der Ausbreitung bestimmter Denkschulen zeichnen, eine Karte der Diffusion von Begriffen und Theorien und der Ausfuhr von Techniken und Verfahren der Analyse. Wir können aber auch auf eine Vielzahl von Versuchen verweisen, einige von ihnen kurzlebig und irrig, andere dauerhaft und systematisch, das Sammeln von Information und die Analyse von Daten zu koordinieren über unterschiedliche Kulturen, Gesellschaften und politische Einheiten hinweg. Auf solche Versuche vergleichender Forschung wird sich dieser Beitrag konzentrieren: er wird ein Vokabular zur Diskussion wichtiger Differenzierungen in diesem Bereich von Forschungstätigkeit einführen, auf herausragende Merkmale der laufenden Entwicklungen in diese Richtung hinweisen und Fragen der Strategie und Organisation für die weiteren Fortschritte solcher internationaler Bemühungen erwägen.

I Einige grundsätzliche Unterscheidungen

Jede These in den Sozialwissenschaften impliziert irgendeine Form von Vergleich. Man behauptet, daß Kinder eine Reihe von Stadien in ihrer intellektuellen Entwicklung durchlaufen. Um das zu prüfen, klassifiziert man eine Anzahl Personen nach Alter und vergleicht die Altersgruppen in bezug auf einige Variablen. Man behauptet, daß Männer mit größerer Wahrscheinlichkeit soziale Normen mißachten als Frauen. Man sammelt alle erreichbaren Daten, um Indikatoren für Konformität oder abweichendes Verhalten aufzustellen, und vergleicht dann die Punktwerte für beide Geschlechter. Man behauptet, daß Franzosen sich mit geringerer Wahrscheinlichkeit dem Druck der Mehrheit unterwerfen werden als Norweger. Man konstruiert einen angemessenen Test an einer Stichprobe beider Bevölkerungen und vergleicht die Daten.

In diesem trivialen Sinn ist alle Sozialwissenschaft vergleichend. Aber der größte Teil sozialwissenschaftlicher Bemühungen bleibt auf Vergleiche innerhalb einzelner Gesellschaften, einzelner Nationen, einzelner kultureller Gebiete begrenzt. Die wichtigsten Fortschritte in der Methodologie, Technik und Organisation der Forschung sind in solchen Einzelumgebungen gemacht worden, aber die Ergebnisse solcher Untersuchungen an einem Ort haben die Tendenz gehabt, theorieorientierte Sozialwissenschaftler zu frustrieren: welche Arten der Invarianz beweisen sie? Was würde geschehen, wenn dasselbe Verfahren in unterschiedlichen Kulturen benutzt würde, in einer andersartigen Sozialstruktur, in einer andersartigen politischen Gemeinschaft? Welche Modelle kann man konstruieren, um Ähnlichkeiten oder Variationen in den Ergebnissen von Replikationen über verschiedene Forschungsumgebungen hinweg zu erklären?

Es gibt viele Arten, die Versuche von Replikationen zu klassifizieren, seien sie zwischen mehreren Orten (cross-site) oder mehreren Umwelten (cross-setting). Aber bisher gibt es keine etablierte Terminologie, um die vielen Variationen in der Struktur von Forschungsunternehmen zu bezeichnen. Inter-Ort-Studien (cross-site) können *innerhalb* eines kulturellen Bereichs, innerhalb einer Gesellschaft oder eines politisch organisierten Territoriums organisiert sein: Die typische Querschnitts-Stichprobenerhebung (cross-sectional sample survey) ist in dem Maß eine Inter-Ort-Studie, in dem sie es ermöglicht, Variationen über unterschiedliche kulturell-sozial-politische Kontexte zu analysieren. Sie ist allerdings nur der erste von vielen Schritten auf dem Weg, sozialwissenschaftliche Forschungsoperationen universal zu machen: Je weiter das Spektrum der erfaßten Kulturen, Gesellschaften oder politischen Systeme ist, desto größer sind auch die Möglichkeiten zur Theoriebildung. Viele Sozialwissenschaftler zögern, den ganzen Weg zu gehen: sie fühlen sich innerhalb ihrer einen Kultur, Gesellschaft oder Nation auf festerem Grund und ziehen es vor, in dieser einzelnen Umgebung Techniken zu entwickeln und Hypothesen zu erproben. Andere spüren zwar die Versuchung, über die eine Umgebung hinauszugehen, beschränken ihre Vergleiche dann aber auf Sätze strukturell ähnlicher Kulturen, Gesellschaften, politischer Gemeinwesen: die melanesischen Kulturen, feudale Gesellschaften, die entwickelten westlichen Nationen, die »angelsächsischen« Demokratien. Die ehrgeizigsten (oder törichtsten) Komparatisten erhoffen eine universale Wissenschaft der Variationen menschlicher Institutionen und gesellschaftlicher Arrangements; sie versuchen, Fundamente für Vergleiche über alle bekannten Einheiten hinweg zu errichten, seien es primitive Kulturen, Gesellschaften im Übergangsstadium oder komplexe Imperien oder Nationalstaaten.

Die Bezeichnungen für solche Ansätze zur systematischen Forschung über mehrere Umgebungen hinweg variieren mit dem Charakter der Einheit des Vergleichs: in einigen Fällen wird *inter-kulturell* (cross-cultural) bevorzugt, in anderen *inter-gesellschaftlich* (cross-societal) und in wieder anderen *inter-national* (cross-national).

Keine der Bezeichnungen hat den Standard eines Vokabulars der Humanwissenschaften erreicht. Es ist bemerkenswert, daß es selbst in dem von der UNESCO geförderten *Dictionary of the Social Sciences* für keinen der Begriffe eine Eintragung gibt. Der Terminus *cross-cultural* wurde Ende der dreißiger Jahre gebräuchlich: zuerst benutzt durch einige Anthropologen der Universität Yale in Berichten über ihre Bemühungen, die erreichbare Information über eine Reihe primitiver Gesellschaften zu sammeln und zu verkoden und die statistischen Beziehungen zwischen den Attributen dieser Gesellschaften zu analysieren.[1] Die Parallelbezeichnungen *cross-societal* und *cross-national* wurden später geprägt: man benutzte sie, um ähnliche Sequenzen von Forschungsverfahren zu beschreiben, aber für andere Typen von Einheiten. Der Terminus *cross-societal*, der noch selten in der Literatur vorkommt, wurde eingeführt, um Vergleiche über ein breites Spektrum territorial und kulturell unterschiedlicher Kollektive zu erfassen, seien diese Kollektive »primitiv«, im Übergangsstadium, oder voll entwickelt.[2] Der Begriff *cross-national* hat sich stärker durchgesetzt – zumindest unter anglo-amerikanischen Wissenschaftlern. Er wird benutzt, um Vergleiche zwischen rechtlich und politisch getrennten Bevölkerungen oder Systemen der Interaktion zu beschreiben, typischerweise Entwicklungsländern oder hochentwickelten souveränen Nationalstaaten. Heute besteht die Tendenz »cross-cultural« für Vergleiche zwischen primitiven Gesellschaften des Typs vorzubehalten, wie sie in Sammlungen der Art der *Human Relations Area Files* (HRAF) dokumentiert sind; »cross-societal« für Vergleiche zwischen Gesellschaften einer höheren Ebene der gesellschaftlichen, ökonomischen oder politischen Entwicklung vorzubehalten und »cross-societal« für Vergleiche über das gesamte Spektrum menschlicher Kollektive, gleich welcher Stufe der Entwicklung.

Diese Unterscheidungen beziehen sich nur auf eine von mehreren Dimensionen, die man bei der Analyse von Variationen in Forschungsoperationen in Betracht ziehen sollte. Es genügt nicht, allein über die Merkmale des Spektrums der Orte oder Einheiten unterrichtet zu werden; wichtige Unterscheidungen müssen auch in bezug auf die Organisation jeder Studie und die Ebenen der Variablen, die sie erfaßt, getroffen werden.

Inter-kulturelle, inter-gesellschaftliche oder inter-nationale Studien können offensichtlich auf eine Vielzahl von Arten organisiert werden: die Studie kann mit Sekundärmaterial in einem

[1] Vgl. G. P. MURDOCK, »The Cross-Cultural Survey«, *American Sociological Review* 5 (3), 1940, pp. 361–370; A. J. KÖBBEN, »New Ways of Presenting an Old Idea: The Statistical Method in Social Anthropology«, *Journal of the Royal Anthropological Institute* 82 (2), 1952, pp. 129–146.
[2] Für eine ausführliche Diskussion s. R. M. MARSH, *Comparative Sociology: A Codification of Cross-Societal Analysis,* New York, Harcourt, 1967, Kap. 1.

einzigen Zentrum oder an einem einzigen Standort ausgeführt werden; sie kann in einem Zentrum angeregt werden, aber dann Datensammlung durch Zentren in anderen Kulturen, Gesellschaften oder Nationen erfordern; oder sie kann durch enge Kooperation innerhalb eines Netzes von Zentren organisiert sein. Eine Studie kann ihrem Charakter nach inter-national (cross-national) sein, ohne international (international) zu sein, und sie kann international sein, ohne inter-national zu sein.

FORSCHUNGSORGANISATION	ORTE / EINHEITEN DER STUDIE	
	Innerhalb einer Nation	*In mehreren Nationen*
In nur einer Nation	I Die typische Einzelnation-Studie	II Typisch: die Analyse von Daten, die für mehrere Nationen bereits verfügbar sind.
In mehreren Nationen	III Kooperative internationale Forschung in einer Nation (z. B. UNESCO in Deutschland).	IV Die typische kooperative internationale Studie.

In dieser Terminologie betont die Vorsilbe *inter- (cross)* die Objekte des Vergleichs, während die Vorsilbe *inter* die Eigenschaft der Forschungsorganisation vermittelt. Diese Unterscheidung hat im anglo-amerikanischen Dialog[3] an Boden gewonnen, kann aber immer noch schwer auf französisch ausgedrückt werden: der Unterschied zwischen *inter-national* und interna-

[3] Für eine frühe Diskussion solcher Unterscheidungen s. H. C. J. DUIJKER und S. ROKKAN, »Organizational Aspects of Cross-National Social Research«, *Journal of Social Issues* 10 (4), 1954, pp. 8–24.

tional wird im Englischen und Französischen noch nicht allgemein akzeptiert. »*Transnational*« ist ein potentieller Konkurrent. So beschreibt eine Gruppe Psychologen, die im Moment in einer Reihe von Ländern Replikationen durchführen, ihre Versuche lieber als Aktivitäten in transnationaler Sozialpsychologie. Das ist im wesentlichen eine Frage der Kommunikationseffizienz: wenn zwei Bezeichnungen gleich leicht verstanden werden und gleich präzis sind, werden die Gründe, eine der anderen vorzuziehen, rein ästhetisch.

Was zählt, ist nicht die spezielle terminologische Konvention, es sind die analytischen Unterscheidungen. In der Terminologie, die in diesem Beitrag eingeführt worden ist, kann eine inter-nationale Studie auf mehreren unterschiedlichen Ebenen der Forschungsoperation international sein:

– auf der Ebene des *Forschungsplans* (Wissenschaftler aus allen oder den meisten Ländern, die behandelt werden, werden konsultiert über Struktur und Details des Forschungsplans, z. B. über die gemeinsamen Variablen, die in einer für einen Vergleich geeigneten Stichprobenerhebung gewählt werden sollen und über die spezifischen Fragen, die in jeder nationalen Bevölkerung gestellt werden sollen);
– bei der *Sammlung der Daten* (eine inter-nationale Studie kann für Wissenschaftler aus einer Nation geplant worden sein, aber die Datensammlung wird von Forschungsorganisationen in jeder der Nationen durchgeführt: so die typische, durch Forscher in den Vereinigten Staaten angeregte komparative Übersichtsstudie);
– bei der *Analyse der Daten* (die Daten können in jeder Nation unabhängig voneinander gesammelt worden sein, aber die Analyse wird gemeinsam durch ein internationales Team durchgeführt: typisch ist hier eine durch die OECD oder die Vereinten Nationen durchgeführte Analyse auf Grund nationaler statistischer Daten);
– bei der *Interpretation der Daten* (selbst die Analyse kann noch in dem einen Zentrum durchgeführt worden sein, aber Wissenschaftler aus jedem der erfaßten Länder werden bei der Interpretation der Ergebnisse konsultiert).

Nicht alle diese 24 Möglichkeiten inter-nationaler Forschung finden sich auch in der Literatur, aber wenigstens sechs von ihnen kommen häufig genug vor, um eine nähere Erläuterung zu verdienen:

PLAN	DATEN-SAMMELN	ANALYSE	INTERPRETATION	
National	*N*	*N*	*N*	Die extremste Art einer Einzelforschung, Einzel-Zentrum-Forschung über mehrere Nationen hinweg: Es gibt kein Element der internationalen Zusammenarbeit oder Kommunikation in den verschiedenen Stadien des Forschungsprozesses. Im klassischen Fall konzentrieren sich Studien dieser Art auf Dokumente und Daten, die *schon gesammelt* sind. So gehören die meisten *inter-kulturellen* Studien, die auf der Grundlage von ethnographischen Berichten durchgeführt werden, zu diesem Typ: die ursprünglichen Daten können durch Wissenschaftler *verschiedener* Nationalitäten, aber *unabhängig* voneinander, erhoben worden sein, und die geringe Schreib- und Lesekunde der verglichenen Kulturen läßt nur selten direkte Konsultationen mit einheimischen Wissenschaftlern im Stadium der Analyse oder der Interpretation zu. Viele der zu-

				nehmend verfeinerten Vergleiche *amtlicher statistischer Daten* (zur Demographie, Sozialstruktur, dem Gesundheitswesen, der Wirtschaft, Politik und Verwaltung) tendieren in die gleiche Richtung: Die Daten werden einfach aus den verfügbaren Quellen in einem einzigen Forschungszentrum gesammelt und geordnet, und es wird kein ernsthafter Versuch unternommen, »einheimische« Wissenschaftler in den späteren Stadien der Datenaufbereitung und der Interpretation beratend hinzuzuziehen.
N	*Inter-national*	*N*	*N*	Der Typ der »imperialistischen« Studie: In einem Zentrum in einer »Führungs«-nation wird der Plan beschlossen, werden Analyse und Interpretation durchgeführt, während das tatsächliche Datensammeln durch ein internationales Netz von Feldorganisationen geleistet wird. Die meisten bisher ausgeführten inter-nationalen Stichprobenerhebungen und -umfragen waren dieser Art: ein Wissenschaftler oder ein Forschungszentrum in einem reichen Land »kaufen« Daten von einer Reihe weniger wohlhabender Länder.[4]

[4] Eine Liste solcher Untersuchungen liefert S. ROKKAN, S. VERBA, J. VIET und E. ALMASY, *Comparative Survey Analysis: A Trend Report and Bibliography*, Paris, Mouton, 1969.

N I I N Der Fall der »replikativen« Studie: Planungs- und Forschungsinstrumente, die in einem Land entwickelt worden sind, werden in ein anderes Land importiert und die beiden Sätze gesammelter Daten werden in allen Einzelheiten miteinander verglichen. Hauptbeispiele dieser Art sind: die Reihe von Replikationen der britischen Studien über Berufsrang und über Inter-Generations-Mobilität, die unter der Schirmherrschaft des ersten Forschungskomitees der International Sociological Association durchgeführt wurden[5]; der umfangreiche Satz von Replikationen der »F (für Faschismus) Skala«, die ursprünglich durch die Autoren von *The Authoritarian Personality*[6] in Kalifornien entwickelt worden war; die wachsende Zahl internationaler (cross-national) Replikationen von McCLELLANDs »*n*-Leistungs«-Tests und OSGOODs »Verfahren der Polaritäts-Profile« (semantic differential)[7].

I I N N Fälle der »Regression zum Typ der Einzel-Nation-Studie«:

[5] Für eine Zusammenfassung der Ergebnisse s. S. M. MILLER, »Comparative Social Mobility«, *Current Sociology* 9 (1960), pp. 1–89. Für eine weitere Zusammenstellung der Literatur s. S. ROKKAN *et al., op. cit.*
[6] Vgl. S. ROKKAN, *et al., op. cit.*, Abschnitt III, 22.
[7] Vgl. C. OSGOOD, »On the Strategy of Cross-National Research into Subjective Culture«, *Social Science Information* 6 (1), Feb. 1967, pp. 6–37.

nach anfänglicher internationaler Kooperation beim Plan und bei der Datensammlung wird die Kommunikation in den späteren Stadien der Bearbeitung jedoch unterbrochen. Ein bekanntes Beispiel ist die Studie der sozialen Mobilität in vier Städten, die durch das Lateinamerikanische Zentrum für sozialwissenschaftliche Forschung in Rio de Janeiro organisiert wurde: das Instrumentarium wurde gemeinsam entworfen und die Datensammlungsoperationen wurden annähernd wie vereinbart durchgeführt, aber bei der weiteren Aufbereitung der Daten fehlte die internationale Zusammenarbeit fast völlig.[8]

I I I N Ein nächster Schritt hin zur vollen internationalen Zusammenarbeit im Forschungsprozeß: Zusammenarbeit in allen Stadien der Analyse, aber getrennte Darstellungen und Interpretationen der Ergebnisse. Ein interessantes Beispiel sind die beiden Parallelstudien, die Anfang der fünfziger Jahre unter der Schirmherrschaft der Organization for Comparative Social Research durchgeführt

[8] Für Einzelheiten vgl. G. GERMANI, »Social Stratification and Social Mobility in Four Latin American Cities: A Note on the Research Design«, *América Latina* 6 (3), 1963, pp. 91–93, und die verschiedenen Untersuchungen aufgeführt bei S. ROKKAN *et al., op. cit.*, Abschnitt III, 43.

wurden: einmal ein Satz Gruppenexperimente mit männlichen Jugendlichen, zum anderen eine Stichprobenerhebung mit Primar- und Sekundarschullehrern in sieben Ländern.[9] Diese Studien wurden gemeinsam geplant und durchgeführt, und ein Großteil der Analyse wurde durch ein internationales Team geleistet, aber während der endgültigen Vorbereitung der interpretierenden Berichte gab es sehr wenige Möglichkeiten für detaillierte Beratungen.

I I I I Dieser letzte Fall stellt den Höhepunkt der internationalen Zusammenarbeit dar: Die Bemühungen um Zusammenarbeit reichen in allen oder doch den meisten Ländern vom frühesten Planungsstadium bis zum Endstadium der Veröffentlichung. Das vielleicht beste Beispiel dieser Art ist die Studie der in Mathematik erzielten Leistungen, die in zwölf Ländern unter der Schirmherrschaft des UNESCO-Instituts für Pädagogik in Hamburg organisiert wurde. Durch eine Vielzahl nationaler Quellen finanziert, entwickelte sich die Studie Schritt für Schritt durch eine Reihe detaillierter, effektiver Beratungen

[9] Vgl. H. DUIJKER und S. ROKKAN, *op., cit.*

von Experten und Wissenschaftlern aus allen Ländern, die an diesem Vorhaben teilnahmen.[10]

Dies alles ist ganz offensichtlich eine Dimension von großer praktischer Bedeutung für die Durchführung inter-kultureller, inter-gesellschaftlicher und inter-nationaler Forschung. Eine einzelne optimale Strategie existiert nicht. Der Fall I-I-I-I ist möglicherweise ideal, aber er ist teuer, manchmal sehr schwerfällig und – zumindest für einige Forschungsgebiete und einige Länder – außerordentlich strapaziös für die Nerven der Teilnehmer. Die pilzartige Vermehrung der Einrichtungen für den direkten Zugang zu Daten wird sicher die Verfahren vereinfachen, aber immer noch eine schwere Last der Verantwortung beim Wissenschaftler belassen. Er kann der Anstrengung von Kooperation und Kompromiß auf der Ebene von Forschungsplan und von Datensammlung vielleicht noch entkommen, aber er wird kläglich versagen, wenn er vergißt, seine Kollegen in den betroffenen Ländern im Endstadium des Forschungsprozesses zu konsultieren: bei der Interpretation der Ergebnisse und der Präsentation des Berichtes. Die derzeitigen rasanten Entwicklungen im Archivieren dürfen uns nicht in Selbstzufriedenheit über die bereits erreichte Ebene der internationalen Zusammenarbeit in den Sozialwissenschaften einlullen. Wie international die Erfassung der Computer-Datenbanken auch sein mag, aus sich selbst können sie nicht die intellektuelle Umwelt für wirkliche Fortschritte der vergleichenden Forschung schaffen. Es gibt keinen einfachen Ersatz für die intensive Interaktion einzelner Experten innerhalb organisierter internationaler Netze der Art, wie sie auf solchen Gebieten wie den Wirtschaftswissenschaften, der Demographie und der Erziehung aufgebaut worden sind. Tatsächlich kann der Andrang, Computer mit nicht-evaluierten Daten aus einer Vielzahl verschiedener Länder zu füttern, dazu führen, daß sehr viel numerologischer Unsinn produziert wird. Es wird darauf ankommen, durch

[10] T. HUSÉN (ed.), *International Study of Achievement in Mathematics*, Stockholm, Almqvist & Wiksell; New York, Wiley, 1967, 2 Bde.: s. besonders den Zeitplan des Projekts S. 62–63.

engen Kontakt zu örtlichen Informanten und Experten Sicherungen einzubauen. In seinen Warnungen vor Plänen mit »Sofort-Daten« (instant-data) hat Kingsley Davis[11] auf das Risiko »der progressiven Diffusion von Fehlinformation« hingewiesen und auf die Gefahr ernstzunehmender Fehlinterpretation der Ergebnisse von Analysen, weil Variationen in den kulturellen, gesellschaftlichen und politischen Kontexten unberücksichtigt bleiben. Dieser Aufruf ist sicher kein Versuch, das Archivieren von Daten abzuwerten, vielmehr eine Aufforderung dazu, breitangelegte inter-nationale Zentren der Analyse aufzubauen. Es ist nicht genug, Daten für den Computer lesbar zu machen; sie müssen empirisch und analytisch einen Sinn ergeben und sie müssen im Licht gründlicher Kenntnisse des Kontexts ausgewertet werden. Die strengen Auswertungsverfahren, die für die Datenarchive des ›Inter-University Consortium‹ in Ann Arbor, Michigan, festgelegt worden sind, können als Modell für das Vorgehen in anderen Ländern dienen. Das Ziel ist nicht die Akkumulation *irgendwelcher* oberflächlich vergleichbarer Daten, sondern die Organisation systematischer Informationskarteien und -speicher, die wahrscheinlich *klare analytische Ergebnisse* liefern können.

Bisher haben wir nur die äußere Schale berührt: die Wahl von Einheiten oder Orten des Vergleichs, die Art der Kooperation im Forschungsprozeß. Aber die Mehrzahl der laufenden Diskussionen über Möglichkeiten und Schwierigkeiten vergleichender Forschung konzentriert sich auf die inneren Strukturen von Forschungsplänen und Analyseoperationen: Welche Arten von Variablen werden verglichen? Auf welcher Ebene jeder Population oder jeden Systems? Welche Arten von Hypothesen, welche Arten von Theorien werden geprüft oder können geprüft werden? Wieviel Kontext wird in jede Analyse hineingebracht

[11] K. DAVIS, »Problems and Solutions in International Comparison for Social Science Purposes«, Manuskript für die ›International Conference on Comparative Social Research in Developing Countries‹, Buenos Aires, Sept. 1964. Die Argumente *für* die Archivierung von Daten über mehrere Länder haben zusammengestellt B. RUSSETT *et al.*, *World Handbook of Political and Social Indicators*, New Haven, Yale Univ. Press, 1964, und H. ALKER, Jr., »Research Possibilities Using Aggregate Political and Social Data«, in: S. ROKKAN (ed.), *Comparative Research across Cultures and Nations,* Paris, Mouton, 1963.

und welche Dimensionen des Kontexts werden am ehesten ein anderes Ergebnis bringen?

Die Unterscheidung mehrerer Ebenen der Analyse, die Paul F. Lazarsfeld und seine Kollegen in ihrer Arbeit über die Logik der Analyse von Umfragen und Erhebungen (survey analysis) in den fünfziger Jahren einführten, haben einen tiefgreifenden Einfluß auf die laufenden Diskussionen über die Logik vergleichender Forschung gehabt.

Für einfache Analysen auf zwei Ebenen kann die Grundunterscheidung folgendermaßen dargestellt werden:[12]

Primäre personelle Merkmale	*Beispiele*	*Abgeleitete Merkmale der Einheit*
Ein Attribut oder eine Variable, die ein Individuum *als* Individuum charakterisieren.	Geschlecht Gewicht Pigmentierung Vorkommen einer Krankheit	Eine Rate, ein Durchschnitt, ein Parameter einer gewissen Verteilung innerhalb der Einheit (z. B. der nationalen Bevölkerung)
Ein Attribut oder eine Variable, die ein Individuum *als* Mitglied einer bestimmten Gruppe oder sozialen Kategorie kennzeichnen.	Erreichtes Bildungsniveau Beruf, Rolle in einer Organisation	Eine Rate, ein Durchschnitt, ein Parameter

[12] Dies ist eine Synthese mehrerer Formulierungen in den Schriften von LAZARSFELD und seinen Mitarbeitern: vgl. besonders P. KENDALL und P. F. LAZARSFELD, »Problems of Survey Analysis« in: R. K. MERTON und P. F. LAZARSFELD (eds.), *Continuities in Social Research: Studies in the Scope and Method of ›The American Soldier‹*, Glencoe, Free Press, 1950, pp. 133–196; E. A. SUCHMAN, *The Comparative Method in Social Research*, Ithaca (N.Y.), Cornell Univ. Press, 1955, 88 p., vervielfältigtes Manuskript; P. F. LAZARSFELD und M. ROSENBERG (eds.), *The Language of Social Research*, Glencoe, Free Press, 1955, besonders Abschnitt IV, »Formal Aspects of Research on Human Groups«, pp. 290–384; P. F. LAZARSFELD und H. MENZEL, »On the Relationships between Individual and Collective Properties«, in: A. ETZIONI (ed.), *Complex Organizations*, New York, Holt, 1961, pp. 422–440.

Relationale Merkmale		
Ein Attribut oder eine Variable, die eine Beziehung eines Individuums zu anderen Individuen kennzeichnen.	Häufigkeit der Kommunikation zwischen A und B, soziometrische Wahl	Eine Rate, ein Durchschnitt, ein Parameter oder ein abgeleitetes strukturelles Attribut der Einheit (z. B. Kohäsion)
Kontext-Merkmale	*Datum der Einheit*	*Primäre Merkmale der Einheit*
Ein Attribut oder eine Variable, die ein Individuum durch die Eigenschaften der Einheit, deren Teil es ist, oder der es ausgesetzt ist, kennzeichnen.	Ein nationales politisches Gemeinwesen, das hochgradig vom Außenhandel abhängig ist.	Ein Attribut oder eine Variable, die die Einheit *als* Einheit kennzeichnen, und nicht aus den Eigenschaften ihrer einzelnen Mitglieder ableitbar sind.
	Persönliches Datum	
	Ein Bürger einer solchen Nation.	

Dieses Schema postuliert nur zwei Ebenen der Variation: die individuelle Ebene und die Ebene der nächstfolgenden Einheit. In inter-gesellschaftlicher und inter-nationaler Forschung wird es sich oft als notwendig erweisen, Variationen auf *drei oder mehr Ebenen* miteinander zu verbinden: auf der Ebene des einzelnen, auf der Ebene seiner unmittelbaren Nachbarschaft oder seines Arbeitsplatzes (z. B. die Zahl der Beschäftigten), auf der Ebene der lokalen Gemeinde (z. B. am Rande oder in der Nähe des nationalen Zentrums) und auf der Ebene der Nation selbst (z. B. neutral oder einer Seite im kalten Krieg verpflichtet). Die Möglichkeiten einer solchen Multi-Ebenen-Erörterung werden an einem Paradigma für die Analyse inter-nationaler Variationen im Grad der politischen Beteiligung exemplifiziert: siehe Abbildung 1.[13]

Solche Diagramme können für eine Variable nach der anderen wiederholt werden. Die vielleicht deutlichste Illustration eines Multi-Ebenen-, inter-nationalen Forschungsplans wird in dem Bericht der *International Study of Achievement in Mathematics* präsentiert. In dieser in zwölf Ländern durchgeführten Studie werden die abhängigen Mikro-Variationen, Ergebnisse in einem Mathematiktest, als Funktionen von Variablen auf wenigstens fünf Ebenen analysiert: auf der Ebene des *Schülers* (*V* und *R* in Abb. 1), der *Familie* (Beruf und Erziehung der Eltern: eine *K*-Typ-Variable in Abb. 1, Seite 22 f.), des *Ortes* (Stadt oder Land, Größe: *L* in Abb. 1, Seite 22 f.) und des *nationalen Erziehungssystems* (N in Abb. 1: *globale* Attribute wie etwa die Anzahl der Jahre der Schulpflicht, *aggregative* Variable, wie etwa der Anteil der 16- oder 20jährigen, die die Schule besuchen).

Aber inter-nationale Studien müssen nicht unbedingt nur durch solche Ebene-für-Ebene-Suche nach Quellen der Varianz im Verhalten von Individuen vorgehen; gleich gewichtige Argumente lassen sich für vergleichende Makro-Studien auf der Ebene von Gesellschaften oder Nationen finden.

So hat man auch tatsächlich behauptet, daß hier das Wesen inter-nationaler Forschung liegt, daß eine vergleichende Studie nur dann beanspruchen kann »inter-national« zu sein, wenn sie dazu dient, Thesen zu Nationalstaaten und nationalen Bevölkerungen als solchen als Einheiten der Analyse zu prüfen[14].

In der Terminologie der Ebenen der Variation wie Lazarsfeld sie einführte, läuft das auf die Entscheidung hinaus, »inter-national« (cross-national) für Analysen von Variablen auf der Ebene unabhängiger nationaler Systeme vorzubehalten, seien es nun aggregative Variable (abgeleitet aus statistischen Summierungen der Information über Einheiten der unteren Ebene wie Lokalitäten, Haushalte oder Individuen), strukturelle Variable

[13] Übernommen aus S. ROKKAN, »The Comparative Study of Political Participation«, in: A. RANNEY (ed.), *Essays on the Behavioral Study of Politics*, Urbana, Ill., 1962, pp. 58–59.

[14] T. K. HOPKINS und I. WALLERSTEIN, »The Comparative Study of National Societies«. *Social Science Information* 6 (5), 1967, pp. 25–58.

Abb. 1. Eine Typologie der »Rangordnungen« des Vergleichs: ausgeführt an Thesen zu Wahlbeteiligungsraten

Ordnung		Alternativen für den Bürger		Für den Bürger bedeutsame Kollektive	Alltags-rollen	Politisches Verhalten	Beispiele für Thesen, die aus der vorliegenden Vergleichshierarchie abgeleitet wurden oder ableitbar sind:*
		Nationale Ebene (N)	Lokale Ebene (L)	(K)	des Bürgers (R)	des Bürgers (V)	
Erste						Mikro	a) Wahlbeteiligungsraten (V) für die nationale Wählerschaft in Westeuropa höher als in den Vereinigten Staaten.
Zweite	N	*Makro*				Mikro	b) Wahlbeteiligungsraten (V) höher in Systemen mit offizieller Wählerregistrierung und einfachem Stimmverfahren (N) als in Systemen mit freiwilliger Registrierung und kompliziertem Stimmverfahren.
	L		*Makro*			Mikro	c) Wahlbeteiligungsraten (V) wachsen für Lokalitäten proportional dem Anteil der für die dominante Partei abgegebenen Stimmen (L).
	K			*Makro*		Mikro	d) Wahlbeteiligungsraten (V) wachsen mit zunehmender sozio-ökonomischer oder kultureller Homogenität der Lokalitäten (K)
	R				*Mikro*	Mikro	e) Wahlbeteiligung (V) ist bei männlichen und verheirateten Wählern höher als bei weiblichen und ledigen Wählern (R).
Dritte	NL	*Makro*	*Makro*			Mikro	f) Wahlbeteiligungsraten (V) für Lokalitäten wachsen im Verhältnis zur Einparteien-Dominanz (L) in Systemen mit Verhältniswahlrecht (N), nicht in Systemen mit Mehrheitswahl.

NK	*Makro*		*Makro*		Mikro	g) Wahlbeteiligungsraten (V) für Lokalitäten mit höherer Wahrscheinlichkeit steigend bei wachsender sozio-ökonomischer Homogenität (K) innerhalb eines betont statuspolarisierten Parteiensystems (N).
NR	*Makro*			*Mikro*	Mikro	h) Erziehungsspezifische Unterschiede bei politischer Partizipation (R–V) um so geringer, je ausgeprägter die Statuspolarisation des nationalen Parteiensystems (N).
LK		*Makro*	*Makro*		Mikro	i) Wahlbeteiligungsraten (V) mit zunehmender sozio-ökonomischer Homogenität (K) bei nicht parteibezogenen lokalen Wahlen (L) mit geringerer Wahrscheinlichkeit steigend.
LR		*Makro*		*Mikro*	Mikro	j) Erziehungsspezifische Unterschiede für die politische Partizipation (R–V) um so prägnanter, je weniger parteiorientiert die lokale Politik ist (L).
KR			*Makro*	*Mikro*	Mikro	k) Statusspezifische Unterschiede der Wahlbeteiligung (R–V) abnehmend mit zunehmender Segregation der Wohnsitze von Arbeitern gegenüber anderen (K).

* Für die Anmerkungen vgl. unten S. 24

Anmerkungen zu Abbildung 1.

a) H. GOSNELL, *Why Europe Votes,* Chicago, Chicago University Press, 1930, Kap. VIII; vgl. S. ROKKAN und A. CAMPBELL, »Citizen Participation in Political Life: Norway and the United States of America«, *International Social Science Journal* 12 (1), 1960, pp. 71–72.
b) H. GOSNELL, *op. cit.,* pp. 185–187.
c) E. ALLARDT, *Social struktur och politisk aktivitet,* Helsingfors, Söderström, 1956, pp. 30–33. Die entgegengesetzte These (daß die Wahlbeteiligung in den hartumkämpften Bezirken am höchsten ist) wurde durch GOSNELL belegt in *op. cit.,* Tabellen II (Großbritannien), V Frankreich), VII (Deutsches Reich) und auf den Seiten 199–201 (USA). Aufstellungen für Großbritannien deuten darauf hin, daß die höchste Wahlbeteiligung *entweder* in hartumkämpften Wahlkreisen *oder* in Wahlkreisen, in denen die Arbeiterschaft stark dominiert (labour-dominated), zu finden ist: vgl. H. G. NICHOLAS, *The British General Election of 1950,* London, Macmillan, 1951, p. 318.
d) E. ALLARDT, *op. cit.,* pp. 56–59.
e) H. TINGSTEN, *Political Behaviour,* London, P. S. King, 1937; M. DOGAN und J. NARBONNE, *Les françaises face à la politique,* Paris Collin, 1955, Kap. VI; E. ALLARDT, *op. cit.,* pp. 124–130.
f) S. ROKKAN und H. VALEN, »Parties, Elections and Political Behaviour in the Northern Countries«, in: O. STAMMER (ed.), *Politische Forschung,* Köln, Westdeutscher Verlag, 1960, pp. 117–118.
g) Implikationen von Ergebnissen in S. ROKKAN und A. CAMPBELL, *op. cit.,* nicht belegt.
h) S. ROKKAN und A. CAMPBELL, *op. cit.,* pp. 84–89 und 93–96.
i) nicht belegt.
j) nicht belegt: ableitbar aus P. H. ROSSI, »Theory and Method in the Study of Power in the Local Community«, Vortrag: Conference on Metropolitan Leadership, Northwestern University, 1960, pp. 37–42.
k) Das ist TINGSTENs »Gesetz des sozialen Gravitationsmittelpunktes«, *op. cit.,* pp. 170–172; vgl. E. ALLARDT und K. BRUUN, »Characteristics of the Finnish Non-Voter«, *Transactions of the Westermarck Society* 3 (1956), pp. 55–76.

(abgeleitet aus der Information über vorherrschende Formen der Interaktion zwischen den konstitutiven Einheiten), globale Variable (einer primären Eigenschaft der nationalen Entität, nicht ableitbar aus irgendwelchen Sub-Einheits-Merkmalen), Kontext-Variable (abgeleitet aus der Information über eine Einheit höherer Ebene, z. B. Mitgliedschaft in einer internationalen Allianz mit gegebenen Merkmalen).

Dieser Versuch der terminologischen Gesetzgebung gründet offensichtlich in der Analogie mit dem von den Anthropologen benutzten »inter-kulturell« (cross-cultural). Wenn Murdock und seine Schüler statistische Analysen durchführen über die Beziehungen unter den Attributen der Kulturen, die sie in einer Auswahl erfaßt haben, dann überprüfen sie nicht Thesen, die die Variationen im Verhalten solcher konstitutiver Einheiten wie Haushalte betreffen, sondern sie konzentrieren sich auf Variationen auf der Ebene der Gesamtgesellschaft. Das ist für sie das nächstliegende Verfahren. Sie haben es mit kleinen Einheiten minimaler innerer Varianz zu tun und die Berichte, aus denen sie ihre Attribute verkoden, halten sich selten, wenn überhaupt bei Quellen der statistischen Variationen unter Lokalitäten, Haushalten oder Individuen auf. Für den Forscher, der Nationen vergleicht, ist die Situation fundamental verschieden. Er muß eine Entscheidung treffen: entweder muß er auf der Ebene elementarer Mikro-Einheiten arbeiten und Thesen über Quellen der Variationen auf dieser Ebene oder den höheren Ebenen des Kontexts überprüfen; *oder* er muß seine Analysen auf der Makro-Ebene der ganzen Nation durchführen und Thesen über die Ursachen der Aggregat-, Struktur- oder Global-Variationen überprüfen. Ein entscheidendes Merkmal des Nationalstaates ist, daß er Einheit statistischer Produktion ist: man könnte so weit gehen zu sagen, daß Teil der Definition der modernen bürokratischen Nation die Tatsache ist, daß sie Einrichtungen zur Sammlung und Analyse von Daten über ihre Bürger und deren Transaktionen entwickelt. Das stellt den Komparatisten vor ein Dilemma: er kann auf der Ebene von Daten der unteren Einheit bleiben, die in einem Land nach dem anderen gesammelt sind, und seine Thesen quer über Nationen prüfen; oder er kann jede Nation als globale Einheit für sich behandeln, alle Daten, die er je Nation finden kann, benutzen und Thesen über die Ursachen der Variationen zwischen Nationen prüfen. Vergleichende Studien des ersten Typs nehmen die Form der »Replikation und Kontext-Spezifizierung« an: man sammelt in mehreren Ländern Daten, um Thesen zu prüfen wie: »je mehr Jahre der Erziehung, desto höher ist das Niveau der politischen Beteiligung«; die vergleichende Analyse von Differentialergebnissen führt zur Formulierung von Thesen über bedingende Kontextfaktoren wie »der Klassencharakter des Parteiensystems« oder »die Offenheit der Rekrutierungskanäle«[15]. Vergleichende Studien des zweiten Typs nehmen im wesentlichen dieselbe Form an wie die inter-kulturellen Studien der Murdock Tradition. Der Hauptunterschied besteht im Charakter der Variablen: inter-kulturelle Arbeit besteht meist darin, den Grad der Beziehungen zwischen dichotomen oder trichotomen Zügen zu analysieren[16], während die Variablen, die für inter-nationale Studien charakteristisch sind, sehr viel häufiger ihrem Charakter nach kontinuierlich sind und gewisse Korrelationsverfahren zulassen.[17]

Diese beiden Arten von Verfahren, das Mikro-orientierte Vorgehen der Replikation plus Spezifizierung und die Makroorientierte Analyse von Beziehungen und Korrelationen zwischen Aggregateigenschaften, Struktureigenschaften oder Globaleigenschaften, sind deutlich sehr unterschiedliche Arten von Unternehmen, und ob es ratsam ist, beide als »inter-national« zusammenzuwerfen, muß fraglich bleiben. Im ersten Fall liefern Nationen viele einzelne Orte für Replikationen und Kontext-Spezifizierungen; im zweiten Fall sind sie Einheiten eigener Daseinsberechtigung für eine Analyse.

[15] Dieses besondere Beispiel stammt aus S. ROKKAN und A. CAMPBELL, «Citizen Participation in Political Life; Norway and the United States of America«, *International Social Science Journal* 12 (4), 1960, pp. 69–99.

[16] Für zugängliche Sammlungen solcher übergreifender Klassifikationen vgl. I. D. COULT und R. W. HABENSTEIN, *Cross-Tabulations of Murdock's World Ethnographic Sample,* Columbia, (Mo.), Univ. of Missouri Press, 1965, und R. B. TEXTOR, *A Cross-Cultural Summary,* New Haven, HRAF Press, 1969.

[17] Eine typisch »Murdocksche« Behandlung von Gemeinwesen = Nationalstaaten wird dargestellt in der weitgehend durch Computer zusammengestellten Sammlung von A. S. BANKS und R. B. TEXTOR, *A Cross-Polity Survey,* Cambridge, MIT Press, 1963. Eine nützliche Beispielsammlung der kontinuierlich durchgeführten Aufstellung inter-nationaler Variabler ist B. RUSSETT *et al., World Handbook of Political and Social Indicators, op. cit.*

Hopkins und Wallerstein schlagen vor, die Bezeichnung *cross-national* für den zweiten Typ von Studien zu reservieren und die »Replikations-plus-Spezifizierungs«-Studien einfach *multi-national* zu nennen. Sie stützen sich dabei primär auf die Analogie zum Typ des HRAF – *(Human Relations Area Files)* Verfahrens.

Es gibt stichhaltige Gründe dafür, eine Terminologie einzuführen, die zwischen den beiden Typen der Untersuchung unterscheidet, aber im heutigen Stadium ist es wahrscheinlich schon zu spät, alle Praktiker dieses Gebietes dazu zu bringen, ihren Gebrauch zu ändern und den Terminus *cross-national* (inter-national) für nur mehr einen der beiden Verfahrenstypen vorzubehalten und dazu noch für den Typ, der in der Forschungsliteratur seltener vertreten ist.[18]

Für die meisten Praktiker suggeriert die Vorsilbe *cross* (inter-) das Testen identischer Hypothesen quer über eine Anzahl von Orten und »cross-national« (inter-national) erscheint als schnelle und ökonomische Bezeichnung, um genau das auszudrücken.[19] Fast scheint es einfacher, eine differenzierende Bezeichnung für den zweiten Verfahrenstyp einzuführen; etwa: inter-nationale Makro-Vergleiche. Auf lange Sicht ist das nur von geringer Bedeutung. In dem Maß, in dem mehr Sozialwissenschaftler in Forschungsunternehmen dieser Art arbeiten werden, wird die Terminologie allmählich differenzierter werden, um so die Kommunikation zu erleichtern. Letztlich werden die wissenschaftlichen Handbücher über die konkurrierenden Konventionen des Dialogs entscheiden.

[18] Eine Überprüfung des Gebrauchs in den Titeln, die zusammengestellt sind in: S. ROKKAN *et al.*, *Comparative Survey Analysis*, *op. cit.*, und in R. M. MARSH, *Comparative Sociology*, *op. cit.*, zeigt die weitverbreitete Annahme des Gebrauchs von »cross-national« (inter-national) für replikative Untersuchungen.

[19] Eine frühe Definition von »inter-nationaler Forschung« lautet »Forschung, die mit vergleichender Zielsetzung auf der Grundlage gleicher Daten-Kategorien über mehrere unterschiedliche nationale Bevölkerungen oder äquivalente Ausschnitte unterschiedlicher nationaler Bevölkerungen durchgeführt wird«, H. DUIJKER und S. ROKKAN, *Journal of Social Issues* 10 (4), 1954, p. 9.

II Drei Traditionen vergleichender Forschung*

Die Geschichte internationaler Bemühungen in den Sozialwissenschaften bietet eine Reihe Paradoxe. Die Pioniere des neunzehnten Jahrhunderts auf den Gebieten der Statistik, Soziologie und Anthropologie waren fast ohne Ausnahme glühende Befürworter der vergleichenden Methode, und sie bemühten sich, einen international und interkulturell gültigen Corpus des Wissens über Variationen und Regelmäßigkeiten im Funktionieren und der Entwicklung menschlicher Gesellschaften aufzustellen. Aber dieses Ziel erwies sich als schwer vereinbar mit ihren anderen Zielen: strikte Kanons von Beweis und Schließen in den Sozialwissenschaften aufzustellen und ein hohes Niveau analytischer Genauigkeit zu sichern. Gerade diese Anstrengungen der Pioniere, für die neuen Disziplinen akademische Anerkennung zu erlangen, tendierten dahin, ihre Disziplinen dazu zu zwingen, universelle Vergleiche aufzugeben und ihre Bemühungen entweder auf das Lokale und das Konkrete zu konzentrieren, wie in der Anthropologie und der Soziologie, oder auf das Abstrakte und nicht Überprüfbare, wie in den Wirtschaftswissenschaften. Die Sozialwissenschaften mußten ihren methodologischen Status etablieren und in den Akademien jeder Nation Anerkennung gewinnen. In diesem Kampf wurde es immer schwieriger, die ursprüngliche welt-weite Perspektive beizubehalten. Die Disziplinen gewannen ihre akademische Anerkennung durch wachsende Beachtung methodologischer Strenge und durch überlegte Konzentration auf gut abgegrenzte Untersuchungen oder auf das Erstellen abstrakter Modelle. Gerade der Erfolg der neuen Wissenschaften hielt sie ab von inter-kulturellen und inter-nationalen Verallgemeinerungen. Die Disziplinen gewannen an methodologischer Präzision, verloren dabei aber ihr ursprüngliches Ziel aus den Augen: die Entwicklung systematischen Wissens über die Weltgesellschaften durch den Vergleich.[20]

* Dieser Abschnitt stellt eine überarbeitete und auf den neuesten Stand gebrachte Fassung meiner Einleitung dar zu R. L. MERRITT und S. ROKKAN (eds.), *Comparing Nations,* New Haven, Yale Univ. Press, 1966.

[20] Es gibt keine umfassende Geschichte der Wechselfälle der vergleichenden Methode in den Sozialwissenschaften. Unter den scharfsinnigsten seien genannt F. J. TEGGART, *Theory of History,* New Haven, Yale Univ.

Als eine Folge waren die Sozialwissenschaften weitgehend unvorbereitet, als in den 1950er Jahren eine Flut von Forderungen nach konkreter vergleichender Forschung über sie hereinbrach. Die vielen Versuche zur internationalen wirtschaftlichen und politischen Integration, zahlreiche Hilfsprogramme für die ärmeren Länder der Welt, Kampagnen, das Analphabetentum zu bekämpfen, die Landwirtschaft zu verbessern, technische Grundfertigkeiten zu vermitteln – all dies verstärkte die Nachfrage nach Wissen über die sozialen, wirtschaftlichen und kulturellen Bedingungen in der ganzen Welt und verstärkte das Bedürfnis nach systematischer vergleichender Forschung. Aber die Sozialwissenschaften waren für diese Aufgabe nicht gerüstet. Der theoretische Unterbau aller Versuche des inter-kulturellen und inter-nationalen Vergleichs war dürftig und bruchstückhaft. Sehr wenig, wenn überhaupt etwas, war in jeder Disziplin geleistet worden, um Werkzeuge der Analyse und Testverfahren zu entwickeln, wie man sie brauchte, um mit Daten von so unterschiedlichen Ebenen der Vergleichbarkeit und aus derart differierenden kulturellen Kontexten umzugehen. Noch entmutigender war die Tatsache, daß nur wenige verstreute Anfänge gemacht worden waren, um für systematische Vergleiche quer über die Weltgesellschaften angemessene Datenfundamente zu sichern. Drei Grundkategorien von Daten kann man bei Vergleichen quer über menschliche Populationen unterscheiden:

Erstens: »Prozeß-produzierte« Daten; Daten also, die durch die Prozesse des Lebens, des Arbeitens und der Interaktion in den Gesellschaften, die verglichen werden sollten, erzeugt wurden: vom einfachen materiellen Zeugnis über alle Arten von Artefakten bis zur Vielzahl symbolischer Darstellungen von Ideen, Aktivitäten und Ereignissen, in Zeichnungen, Erzählungen, Botschaften und Dokumenten.

Press, 1925; A. KÖBBEN, »New Ways of Presenting an Old Idea: The Statistical Method in Social Anthropology«, *Journal of the Royal Anthropological Institute*, 82 (2), 1952, pp. 129–146; E. H. ACKERKNECHT, »On the Comparative Method in Anthropology«, pp. 117–125 in: R. F. SPENCER (ed.), *Method and Perspective in Anthropology*, Minneapolis, Univ. of Minnesota Press, 1954; S. TAX, »From Lafitau to Radcliffe-Brown, a Short History of the Study of Social Organization«, pp. 443–480 in: F. EGGAN (ed.), *Social Anthropology of North American Tribes*, erw. Aufl. Chicago, Univ. of Chicago Press, 1955; K. E. BOCK, *The Acceptance of Histories*, Berkeley, Univ. of California Press, 1956.

Zweitens: Daten aus Beobachtungen und Beschreibungen von Historikern und Juristen, Reisenden oder Missionaren, akademisch ausgebildeten Linguisten, Ethnographen oder politischen Wissenschaftlern. Und drittens: Daten aus standardisierten Aufzählungen, Stichprobenerhebungen und -umfragen, Tests und anderen Versuchen, Information über Einheiten innerhalb jeder territorialen Bevölkerung zu erheben, seien es Gemeinden, Arbeitsplätze, Haushalte oder Einzelpersonen.

Die Völkerkundemuseen und die historischen Archive der ganzen Welt sind voller »Prozeß-produzierter« Daten, aber die Einzelposten, die man in diesen Sammelstellen versammelt hat, eignen sich selten dazu, Regelmäßigkeiten innerhalb und quer über Gesellschaften zu analysieren. Die meisten werden dort verwahrt, weil sie kulturell oder historisch einmalig sind, nicht weil sie sich potentiell für sozialwissenschaftliche Vergleiche eignen. Damit solche Sammelstellen für das Überprüfen von Generalisierungen in den Sozialwissenschaften genutzt werden können, müßten sie die repräsentative Erfassung jeder Kategorie von Daten für jede der stichprobenmäßig erfaßten Gesellschaften und Zeitabschnitte sichern und die Items dann für die systematische Massenanalyse verkoden. Wichtige Schritte in diese Richtung hat man bei der Anwendung standardisierter Verfahren der Textanalyse auf so verschiedene »prozeß-produzierte« Daten wie Volkssagen, Kinder-Lesebücher und Zeitungsartikel gemacht. Eine bemerkenswerte Annäherung kann man erkennen zwischen den humanistischen Traditionen der qualitativen Analyse in linguistischen und Folklorestudien einerseits und den nüchternen Häufigkeitszählungen andererseits, wie Harold Lasswell und seine Schüler[21] sie zuerst beim Studium von politischer Kommunikation und Massenüberzeugung angewandt haben. Ein besonders vielversprechendes Beispiel für eine

[21] Grundlegende Texte sind H. D. LASSWELL *et al.*, *Language of Politics*, New York, G. W. Stewart, 1949; H. D. LASSWELL, D. LERNER und I. de Sola POOL, *The Comparative Study of Symbols*, Stanford, Hoover Institute Series, 1952; B. BERELSON, *Content Analysis in Communication Research*, Glencoe, Free Press, 1952; R. NORTH *et al.*, *Handbook of Content Analysis*, Evanston, Northwestern Univ. Press, 1963. Wichtigstes Einzelwerk über Trends hin zur Konvergenz der Techniken der Textanalyse in der Linguistik, Folklore, Anthropologie und Massenkommunikationsforschung ist der von I. de Sola POOL edierte Band *Trends in Content Analysis*, Urbana, Univ. of Illinois Press, 1959.

inter-nationale Inhaltsanalyse kultureller Produkte ist David McClellands *The Achieving Society*[22].

Die neuerliche Entwicklung elektronischer Computereinrichtungen zur Inhaltsanalyse geschriebener Dokumente[23] wird sicher einen tiefgehenden Einfluß auf solche Forschung haben; wir können in der nahen Zukunft erwarten, daß für solche Massenanalysen beschleunigte Anstrengungen zur Datenspeicherung und Datenkodierung unternommen werden.

Daten aus Beobachtungen und Beschreibungen der Institutionen und der Besonderheiten verschiedener Gesellschaften bilden die Basis der reichen Anekdotenliteratur und idiosynkratischer Interpretationen. Aber sie bedürfen der detaillierten Evaluation und Kodifizierung, wenn sie den Anforderungen vergleichender Sozialwissenschaft entsprechen sollen.

Die großen Pioniere bei der Erforschung primitiver Bevölkerungen haben viel getan, um das Aufnehmen von Berichten durch Reisende und Missionare zu standardisieren und eine möglichst vollständige Berichterstattung in jeder Beschreibung sicherzustellen. Einige Versuche, das Material aus solchen Beschreibungen zu speichern und zu verkoden, wurden gemacht. Entscheidende Fortschritte in diese Richtung sind jedoch nicht geleistet worden, bis Peter Murdock und seine Kollegen 1937 den *Yale Cross-Cultural Survey* in Angriff nahmen und später die *Human Relations Area Files* (HRAF) aufbauten.[24] Diese expandierende Sammelstelle verkodeter Information über ein Sample (Auswahl) aller auf der Welt bekannten Gesellschaften[25] hat sich als unverzichtbares Werkzeug bei der Entwick-

[22] D. McCLELLAND, *The Achieving Society*, Princeton, Van Nostrand, 1961. Ein erstaunliches Beispiel für die Benutzung inter-kultureller Inhaltsanalyse (Scherze, Cartoons) in einer Untersuchung modaler Persönlichkeitskennzeichen ist H. HENDIN, *Suicide and Scandinavia. A Psychoanalytic Study of Culture and Character*, London, Grune and Stratton, 1964.

[23] Vgl. P. J. STONE *et al.*, »The General Inquirer: A Computer System of Content Analysis and Retrieval Based on the Sentence as a Unit of Information«, *Behavioral Science* 7 (4), Okt. 1962, pp. 484–498, und die Kapitel in P. J. STONE *et al.*, *The General Inquirer*, Cambridge, MIT Press, 1967.

[24] G. P. MURDOCK, »The Cross-Cultural Survey«, *American Sociological Review* 5 (3), Juni 1940, pp. 361–370; vgl. F. W. MOORE (ed.), *Readings in Cross-Cultural Methodology*, New Haven, HRAF Press 1961.

lung von Plänen und Techniken zur Analyse inter-kultureller Variationen erwiesen.[26]

Viele Universitäten und Forschungsinstitutionen beziehen Kopien der *Files*, und in den vergangenen Jahren haben sich Wissenschaftler in wachsendem Maß an inter-kulturellen Vergleichen dieser Art versucht. Die *Files* streben größtmögliche Erfassung je eines Sample aller Welt-Gesellschaften an: sie wollen Information über Gesellschaften auf allen Stufen der Entwicklung einarbeiten, von prä-agrarischen Stämmen bis zu hochindustrialisierten Nationalstaaten. Praktisch hat es sich jedoch als sehr schwierig erwiesen, die traditionellen anthropologischen Techniken der Datensammlung und der Verkodung auf hochentwickelte Nationalstaaten anzuwenden, und die meisten inter-kulturellen Vergleiche sind auf schriftlose Einheiten beschränkt geblieben.[27]

Die vergleichende Erforschung der Industrialisierung von Nationalstaaten wuchs aus der Tradition systematischer Beobachtung von Reisenden, Journalisten und reisenden Wissenschaftlern: die bahnbrechenden Analysen von Montesquieu, Tocqueville, Marx, Engels, Ostrogorski, Michels, Bryce und Weber wurden alle in hohem Maß durch die Erfahrungen bei der direkten Konfrontation mit fremden Sitten und Institutionen beeinflußt. Webers ehrgeiziger Versuch, einen begrifflichen

[25] Die Codes, die zur Klassifizierung von Information benutzt werden bei: G. P. MURDOCK *et al.*, *An Outline of Cultural Materials*, New Haven, HRAF Press, 4. rev. Aufl. 1961. Eine auf den heutigen Stand gebrachte Aufstellung der Totalität und der Samples der Weltgesellschaften in G. P. MURDOCK, *An Outline of World Cultures*, New Haven, HRAF Press, 3. Aufl. 1963. Robert TEXTOR hat das Sample erweitert und einige neue Codes hinzugefügt in seinem grundlegenden Handbuch mit Information über 400 Gesellschaften: *A Cross-Cultural Summary*, *op. cit.* Karl DEUTSCH und Carl-Joachim FRIEDRICH haben erst vor kurzem eine kollektive Erforschung der Möglichkeiten, die HRAF-Daten und die HRAF-Techniken für die vergleichende Untersuchung politischer Systeme zu benutzen, begonnen.

[26] Vgl. G. P. MURDOCK, *Social Structure*, New York, Macmillan, 1949, und eine Fülle anschließender Analysen: vgl. O. LEWIS, »Comparisons in Cultural Anthropology«, pp. 259–292 in: W. L. THOMAS, Jr., *Current Anthropology*, Chicago, Univ. of Chicago Press, 1956, und W. J. McEWEN, »Forms and Problems of Validation in Social Anthropology«, *Current Anthropology* 4 (2), 1963, pp. 155–183.

[27] Ein bahnbrechender Versuch, Techniken des HRAF-Typs auf nationale *Gemeinwesen* und nicht auf nationale Gesellschaften anzuwenden ist A. BANKS und R. TEXTOR, *A Cross-Polity Survey*, *op. cit.*

Rahmen zu schaffen für das vergleichende Studium des Wachsens der zentralisierten Bürokratien und Massendemokratien, spiegelte mehr als ein Jahrhundert der Diskussion über Unterschiede und Ähnlichkeiten der nationalen Entwicklungen in Europa und Amerika, in Ost und West, wider. Die Daten für solche ersten Versuche variierten stark in ihrer Zuverlässigkeit, Präzision und Reichweite; sie umfaßten einigermaßen gut erforschte historische und rechtliche Zeugnisse, genauso wie nicht-evaluierte Materialien aus offiziellen Rohstatistiken und nur mehr impressionistische Berichte über die Arbeit bestimmter Institutionen und die »Psychologie« verschiedener lokaler Bevölkerungen. Wissenschaftler, die Webers Weg gefolgt sind, sehen sich einer ernsten Schwierigkeit gegenüber. Wenn sie sich dazu entschließen, diese Arbeit der Theoriebildung fortzusetzen, werden sie es entweder unmöglich finden, eine angemessene Datenbasis für ihre Analysen zu erstellen, oder sie geraten in die heftigen und gerechtfertigten Angriffe von Historikern und örtlichen Spezialisten, die ihnen Unwissen, Verzerrungen und Prokruste-Klassifizierungen von Institutionen und Prozessen vorwerfen. Wenn sie, andererseits, ihre Bemühungen auf vergleichende Datensammlung und Datenauswertung konzentrieren, kommen sie sehr bald in Schwierigkeiten bei der begrifflichen Integration und theoretischen Interpretation.[28]

Shmuel Eisenstadts gewaltiger Beitrag zur vergleichenden Analyse, *The Political Systems of Empires*[29], ist ein Beispiel für eine mögliche Forschungsstrategie. Er entwickelt ein ausgearbeitetes Modell der Prozesse der Zentralisierung, Bürokratisie-

[28] Für Erörterungen der Möglichkeiten und der Probleme vergleichender Geschichte s. M. BLOCH, »Pour une histoire comparée des sociétés européenes«, zuerst veröffentlicht 1928, Nachdruck in *Mélanges historiques*, Paris, S.E.V.P.E.N., 1968, Bd. 1, pp. 16–40; S. THRUPP, »The Role of Comparison in the Development of Economic History«, *Journal of Economic History* 17 (4), Dez. 1957; F. REDLICH, »Toward Comparative Historiography«, *Kyklos*, 11, 1958, pp. 362–389; und D. GERHARD, *Alte und neue Wege der vergleichenden Geschichtsbetrachtung*, Göttingen, Vandenhoeck, 1960. S. THRUPP hat durch die Organisation der wichtigen internationalen Zeitschrift *Comparative Studies in Society and History* versucht, den Weg zu bahnen und regelmäßigen Austausch unter Historikern und Sozialwissenschaftlern, die an inter-nationalen Analysen interessiert sind, zu entwickeln.

[29] S. N. EISENSTADT, *The Political Systems of Empires*, New York, Free Press, 1963.

rung und Entbürokratisierung und versucht dann, die Konsequenzen an Evidenz aus fünf vor-bürokratischen Gesellschaften und 27 historischen bürokratischen Gesellschaften zu überprüfen. Die Probleme, die bei solchen Versuchen auftauchen, sind zweierlei Art: erstens sind die Kategorien für eine erfolgversprechende Analyse präzis genug und sind sie über so viele verschiedene Gebiete der Welt sinnvoll; zweitens erlaubt die verfügbare Evidenz ein gewisses Maß an Übereinstimmung unter den Experten in bezug auf die Kategorisierung konkreter Beispiele. Um für so viele verschiedene Fälle zu passen, mußten Eisenstadts Kategorien einen erheblichen Spielraum der Ungenauigkeit offenlassen, aber gerade diese Ungenauigkeit macht viele seiner Ein-Mann-Kategorisierungen konkreter Fälle höchst umstritten, trotz seines außergewöhnlichen Aufwandes an detaillierten historischen Kenntnissen.

Reinhard Bendix' Band über *Nation-Building and Citizenship*[30] ist ein Beispiel für einen vorsichtigeren Ansatz. Einige theoretische Unterscheidungen, die zuerst von Tocqueville und Weber abgesteckt wurden, werden detaillierter ausgearbeitet und dann durch die Analyse einer Anzahl konkreter nationaler Entwicklungen illustriert. Barrington Moores Arbeit über die Bedingungen des Entstehens von Mehr-Parteien-Demokratien oder Massen-Diktaturen[31] bietet einen detaillierten Überblick über die vergleichende Geschichte der Allianzbildung unter landwirtschaftlichen, kommerziellen und bürokratischen Eliten in England, Frankreich, den Vereinigten Staaten, China, Japan und Indien. Er demonstriert, wie es möglich ist, eine Vielfalt konkreter Daten aus kulturell sehr unterschiedlichen Ländern zum Zweck systematischen Vergleichs zu benutzen. Seymour Martin Lipsets frühe Arbeit ist ein Beispiel einer empirischen Strategie: *Political Man*[32] ist im wesentlichen Ergebnis einer Reihe von Versuchen, oberflächlich vergleichbare Daten über die Gesellschaft und Politik einer Reihe von Ländern zu sammeln. Seine späteren Beiträge versuchen, ein größeres Gleichge-

[30] R. BENDIX, *Nation-Building and Citizenship*, New York, Wiley, 1964.
[31] B. MOORE, *Social Origins of Dictatorship and Democracy*, Boston, Beacon Press, 1966; dt.: *Soziale Ursprünge von Diktatur und Demokratie*, Frankfurt, 1969.
[32] S. M. LIPSET, *Political Man*, Garden City, Doubleday, 1960.

wicht zwischen Theoriebildung und empirischer Analyse zu erreichen. Lipsets Buch *The First New Nation*[33] ist im Kern ein Versuch, Tocquevilles Interpretation der Einmaligkeit der amerikanischen Gesellschaft auf den heutigen Stand zu bringen und zwar durch die Entwicklung eines neuen analytischen Rahmens und durch die Sammlung illustrierender quantitativer Vergleiche. Viele künftige Komparatisten werden zweifellos fortfahren, solche »gemischten« Strategien zu verfolgen, aber substantieller Fortschritt scheint auf diesem Gebiet unwahrscheinlich, bevor wir eine höhere Ebene der Differenzierung und Spezialisierung in den Forschungsrollen erreicht haben: einige Sozialwissenschaftler werden weiter theoretische Verfeinerungen suchen, aber um ihre Forderungen nach Evidenz erfüllen zu können, müssen wir auch die Bildung einer breiten Phalanx von Experten ermuntern, von Experten über ein weites Spektrum empirischer Daten aus mehreren Ländern.

Um eine Basis für detaillierte Vergleiche der Entwicklungsraten in neuen wie in bestehenden Nationalstaaten zu bilden, ist es unumgänglich, die Information aus historischen Dokumenten oder aus den Berichten von Beobachtern durch Daten aus standardisierten Zählungen und durch andere Versuche der systematischen sozialen, kulturellen und politischen »Kartenzeichnung« (map-making) zu ergänzen. Nur auf diesem Weg ist es möglich, sich verläßlichen Schätzungen über zeitlichen Wandel und Schätzungen über Variationen der Bedingungen und Sequenzen der Entwicklung innerhalb der Einheiten zu nähern.

Die Statistiker der westlichen Welt können auf mehr als ein Jahrhundert kooperativer Versuche zurückblicken, nationale »Buchhaltung« und Zensusverfahren zu standardisieren. Der bedeutende Pionier, der Belgier Quételet, knüpfte ein Netz von Kontakten in ganz Europa und unternahm 1851 eine entscheidende Initiative, als er den Internationalen Statistischen Kongreß ins Leben rief. Die nächste Generation ging einen Schritt

[33] *The First New Nation: The United States in Historical and Comparative Perspective,* New York, Basic Books, 1963; vgl. die historisch orientierten Vergleiche in S. M. LIPSET und S. ROKKAN, »Cleavage Structure, Party Systems and Voter Alignments: An Introduction«, in: S. M. LIPSET und S. ROKKAN (eds.), *Party Systems and Voter Alignments,* New York, Free Press, 1967.

weiter und gründete 1887 das Internationale Statistische Institut: es bot ein Fundament für Kontakte unter Experten und Verwaltungsbeamten aus vielen Nationen und bereitete den Grund vor für die systematische Arbeit des Vergleichs und der Standardisierung, wie sie später auf Regierungsebene durch den Völkerbund, die Internationale Arbeitsorganisation und, während der letzten zwei Jahrzehnte, durch die Vereinten Nationen und ihre spezialisierten Stellen unternommen wurden.[34]

Es hat jedoch lange gedauert, bis der Einfluß dieser Entwicklungen in den Sozialwissenschaften fühlbar wurde. Die Demographen haben als erste Werkzeuge zur Analyse entwickelt, wie sie nötig sind, um diese riesigen Datenmengen zu meistern; die Wirtschaftswissenschaftler folgten nach dem Zweiten Weltkrieg, aber die Soziologen haben diese Aufgabe erst kürzlich aufgenommen: diese Herausforderung einer wachsenden Menge inter-nationaler Daten. Die frühe Faszination, die vergleichende Statistiken von Selbstmord, Mord und anderen Posten der *Moralstatistik* ausübten, hat nicht den aufgehenden Stern der vergleichenden Soziologie nationaler Entwicklung verkündet: Durkheims Arbeit war methodologisch außerordentlich bedeutsam, aber ihr folgten keine weiteren breiter angelegten vergleichenden Untersuchungen über die Prozesse des Wandels in Nationen, die die Stadien von Industrialisierung und Urbanisierung durchlaufen. Es ist kennzeichnend, daß die bahnbrechenden Vergleiche von Daten zur Mobilität, die Pitirim Sorokin 1927 veröffentlichte[35], in der wissenschaftlichen Welt seiner Tage kaum eine Reaktion auslösten. Erst nach der Einrichtung des »Research Committee on Social Stratification and Mobility« unter der Schirmherrschaft der International Sociological Association 1951 wurden sie als ein wahrer Klassiker inter-nationa-

[34] Die bloße Masse der Dokumentation, die durch diese Versuche produziert worden ist, ist überwältigend. Eine Grundaufstellung von Hinweisen auf vorgeschlagene Standards in: Statistical Office of the UN., *Directory of International Standards for Statistics*, New York, United Nations, Stat. Ser. M. No. 22, Rev. I, 1960. Darin finden sich allerdings keine Angaben über die konkreten Inhalte der Standards oder über die Probleme der Anwendung. Für weitere Einzelheiten über die statistischen Bemühungen der Vereinten Nationen s. das Kapitel von D. N. McGRANAHAN in: R. L. MERRITT und S. ROKKAN (eds.), *Comparing Nations*, New Haven, Yale Univ. Press 1966.

[35] P. A. SOROKIN, *Social Mobility*, London, Harper, 1927, Nachdruck Glencoe, Free Press, 1959.

ler Forschung entdeckt.[36] Der entscheidende Durchbruch zu quantitativen Vergleichen erfolgte erst in den 1950er Jahren: Die Wirtschaftswissenschaftler begannen sich endlich ernsthaft mit den Möglichkeiten präziser Analysen von Wachstumsraten und Wachstumsmustern auseinanderzusetzen. Die Soziologen fingen an, sich mit vergleichenden Meßzahlen der Prozesse strukturellen Wandels zu befassen. Und selbst die Politikwissenschaftler waren nicht mehr ausschließlich durch einzelne Systeme absorbiert. Sie begannen mit dem Versuch, Vergleichs-Schemata auszuarbeiten und Wege, Hypothesen quantitativ zu prüfen, zu entwickeln.

Entscheidend beschleunigten zwei technische Entwicklungen diese Bewegung, Probleme des inter-nationalen Vergleichs mutiger anzupacken: erstens wurde das Instrumentarium zur Handhabung großer Datenmassen außerordentlich verbessert; zweitens wurden in immer mehr Ländern Erhebungs- und Umfrageorganisationen organisiert, die Daten in einem breiteren Spektrum von Variablen sammeln, als sie normalerweise durch die amtlichen statistischen Buchhaltungsoperationen erfaßt wurden.

Die Entwicklung des elektronischen Computers hat eine Revolution der vergleichenden Forschung eingeleitet. Berechnungsaufgaben, die bisher als jenseits der Möglichkeiten auch des größten Forschungsinstituts galten, können jetzt schnell und zu mäßigen Kosten in einigen wissenschaftlichen Computerzentren ausgeführt werden. Allein die Existenz dieser neuen Geräte hat einige Forschungsorganisationen veranlaßt, umfangreiche Datenarchive auf Lochkarten- oder Tonbandbasis aufzubauen. Heute erfassen einige von ihnen Daten aus einer großen Zahl von Ländern der ganzen Welt. Das Bedürfnis nach solchen Datenarchiven hat sich für die vergleichenden Studien des wirtschaftlichen Wachstums am dringlichsten erwiesen. In den vergangenen Jahren ist eine beeindruckende Zahl von Versuchen

[36] S. M. MILLER, »Comparative Social Mobility«, *Current Sociology* 9 (1), 1961, pp. 1–89; D. V. GLASS und R. KÖNIG, *Soziale Schichtung und soziale Mobilität*, Köln, Westdeutscher Verlag, 1961; und die angeführte Literatur in S. ROKKAN *et al.*, *Comparative Survey Analysis, op. cit.* Eine vollständige Bibliographie der Versuche vergleichender Analyse in anderen Gebieten der Soziologie bei D. C. MARSH, *Comparative Sociology, op. cit.*

gemacht worden, die vielseitigen Techniken der Computerbearbeitung auf inter-nationale Daten anzuwenden und zwar für eine Vielzahl von Indikatoren von Ressourcen, Produktion, Verteilung, Einkommen etc.[37] Auch in einer Studie der Welturbanisierung von Kingsley Davis und seiner Gruppe an der Universität von Kalifornien in Berkeley[38] ist die Notwendigkeit für ähnlicher Datenarchive wirkungsvoll veranschaulicht worden sowie neuerlich in einer Studie der politischen Modernisierung durch Karl Deutsch und seine Mitarbeiter in Yale und später in Harvard.[39]

Soziologen und politische Wissenschaftler, die solche Pläne entwickelt haben, haben sich notwendig für größere Spektren von inter-nationalen Variablen interessiert als Demographen und Wirtschaftswissenschaftler: Sie haben nicht nur Daten aus dem Zensus gesammelt, aus nationalen Aufstellungen, Handelsstatistiken und anderen Vorgängen der Regierungs- und Verwaltungsbuchhaltung, sondern sie haben sich darüber hinaus bemüht, die besten erreichbaren Schätzungen zu sammeln über Variationen in der Ausbreitung von Bildung und Kultur, in der Macht religiöser, ideologischer und politischer Bewegungen und in der Konfrontation der Bevölkerung mit den neuen Kommunikationsmedien. Die UNESCO und regionale Organisationen wie die OECD leisten bei der Evaluation vergleichender Statistiken des Erziehungswesens hervorragende Arbeit. Auf diesem Gebiet können Soziologen und politische Wissenschaftler, die versuchen, Datenprogramme aufzubauen, die Schätzungen, die Land für Land von diesen Organisationen vorgelegt worden sind, einfach übernehmen. Für die Statistiken über Massenme-

[37] Eine ausgezeichnete Quelle für solche Indikatoren ist N. GINSBURG's *Atlas of Economic Development*, Chicago, Univ. of Chicago Press, 1961; er schließt ein Beispiel (von B. J. C. BERRY) eines Typs der Korrelationsanalyse ein, der jetzt auf der Basis solcher Daten möglich geworden ist.

[38] Das »International Population and Urban Research Program« in Berkeley hat eine systematische Kartei mit Information über Städte und städtische Ballungsgebiete mit 100 000 oder mehr Einwohnern auf der ganzen Welt erstellt; vgl. International Urban Research, *The World's Metropolitan Areas,* Berkeley, Univ. of California Press, 1959.

[39] Vgl. K. DEUTSCH, »Toward an Inventory of Basic Trends and Patterns in Comparative and International Politics«, *American Political Science Review* 54 (1), 1960, pp. 34–57; B. RUSSETT *et al., World Handbook, op. cit.;* und R. L. MERRITT und S. ROKKAN (eds.), *Comparing Nations, op. cit.*

dien ist die Lage weniger ermutigend: die UNESCO hat hier zwar erste Versuche unternommen, Information zu sammeln, aber bisher sehr wenig Gelegenheit gehabt, detaillierte Evaluationen und Analysen durchzuführen. An kulturellen, religiösen und politischen Variablen können die internationalen Organisationen wenig oder nichts anbieten. Hier ist der Sozialwissenschaftler weitgehend auf seine eigene Findigkeit angewiesen; er muß selbst sorgfältig die Daten, die einen Vergleich zu lohnen scheinen, aus allen nationalen Quellen, die er erschließen kann, sammeln. Daten über religiöse Mitgliedschaft, Wahlbeteiligung und Parteienstärke können für eine beträchtliche Zahl von Ländern aus den amtlichen Zählungen zusammengetragen werden, aber um solche Daten in irgendeiner vergleichenden Analyse zu evaluieren oder zu interpretieren, braucht der Sozialwissenschaftler detaillierte Kenntnisse über das Funktionieren jedes nationalen Systems, und in dieser Hinsicht ist die Literatur oft mangelhaft.[40] Daten über die Ebenen der Partizipation, ob kulturell, religiös oder politisch, können nur selten aus regulären statistischen Quellen gewonnen werden. Hier bleiben als Hauptmöglichkeiten private Zähloperationen (Kirchenbesuch, Statistiken über Partei- und Gewerkschaftsmitgliedschaft) und *ad hoc* Stichprobenerhebungen. Bisher ist sehr wenig geschehen, um solche Daten in Computerprogrammen für inter-nationale

40 Dies ist der wichtigste Grundgedanke für einen Plan, der zur Zeit in der UNESCO beraten wird, eine Reihe *International Guides to Data for Comparative Research* aufzubauen. Eine erste Reihe: der *International Guide to Electoral Statistics* ist schon weit fortgeschritten: der erste Band wurde 1969 vom International Committee for Social Science Documentation in Zusammenarbeit mit dem International Social Science Council veröffentlicht. In den Vereinigten Staaten hat das Social Science Research Council eine Untersuchung von Walter D. BURNHAM unterstützt zur Erkundung der Möglichkeit, eine Zentralkartei historischer Wahldaten länderweise zu sammeln für die Computerbearbeitung. Das Inter-University Consortium for Political Research in Ann Arbor, Michigan, führt diesen Versuch jetzt weiter und baut eine große Kartei mit Zensus- und Wahldaten bezirksweise auf, die ökologische Trendanalysen ermöglichen soll. Für eine allgemeine Diskussion solcher Ansätze zum vergleichenden Studium der politischen Ökologie s. S. ROKKAN, »Electoral Mobilization, Party Competition and Territorial Integration«, in: J. LaPALOMBARA und M. WEINER (eds.), *Political Parties and Political Development,* Princeton, Princeton Univ. Press, 1966, und seine Einleitung zu S. ROKKAN und J. MEYRIAT (eds.), *International Guide to Electoral Statistics,* Vol. 1: *National Elections in W. Europe,* Paris, Mouton, 1969; vgl. auch M. DOGAN und S. ROKKAN (eds.), *Quantitative Ecological Analysis in the Social Sciences,* Cambridge, Mass., MIT Press, 1969.

Vergleiche zu benutzen, aber es sind immerhin Versuche im Gang, eine Basis für derartige Analysen durch die Entwicklung von Archiven mit Rohdaten aus Stichprobenerhebungen verschiedener Länder zu erstellen.

Die Praxis, Auswahlen aus Populationen zu interviewen, kann auf mehrere unterscheidbare historische Wurzeln zurückgeführt werden. Eine Entwicklungslinie läßt sich auf den amtlichen Zensus zurückverfolgen: man entwickelte Stichprobenverfahren, um die Kosten für Zensuserhebungen der sozialen Bedingungen zu senken, besonders bei Untersuchungen von Armut, Arbeitslosigkeit und unzureichenden Wohnbedingungen. Gleichzeitig ermöglichten die Stichprobenverfahren, detailliertere Information zu sammeln als die offiziellen Datensammlungsoperationen. Eine zweite Entwicklungslinie leitet die Stichprobenerhebung aus Wahlen, öffentlichen Referenden und Plebisziten her. Scheinabstimmungen (»straw-polls«) und Meinungsumfragen dienten als Abkürzungen, um die Neigungen und Vorlieben der Öffentlichkeit kennenzulernen. Anfangs, bis in die Mitte der dreißiger Jahre, gab es wenig Kontaktstellen zwischen diesen beiden Traditionen der Befragung, aber das änderte sich radikal mit dem Entstehen der auf breiter Ebene arbeitenden Organisationen zur Durchführung von Interviewstudien, zuerst unter kommerziellen Gesichtspunkten, später auch in Ministerien und an Universitäten. Das Masseninterview erwies sich als bewegliches Instrument der sozialen Befragung und bewies bald seine Brauchbarkeit in einem breiten Spektrum von Kontexten. Es kombinierte wenigstens sechs bis dahin getrennte Modelle der Sammlung von Sozial- und Verhaltensdaten in einer einheitlichen Operation: den Zensus-Fragebogen, die standardisierte Beobachtungs-Kontrolliste, das informelle Gespräch mit einem Berichterstatter, das Referendum, die Wahl und den psychologischen Test. Diese Beweglichkeit bewies die große Stärke des Interviews als Forschungsverfahren, verursachte aber zumindest in der Anfangsphase erhebliche Verwirrung und Kontroverse.[41]

[41] Die umfangreiche Literatur, die durch diese Entwicklungen angeregt worden ist, ist nie systematisch analysiert worden. Unter den Hunderten von Artikeln und Kapiteln, die im Lauf der Kontroverse entstanden, haben sich die folgenden vielleicht als die wichtigeren erwiesen: T. HARRISON, »What is Public Opinion?«, *Political Quarterly* 2, 1940, pp. 368

Ende der dreißiger Jahre erlebten wir das pilzartige Hervorschießen privater Organisationen, die Interviews mit Stichproben nationaler Populationen durchführten, zuerst in den Vereinigten Staaten, dann in Großbritannien und Frankreich. Diese Bewegung dauerte mit wachsendem Tempo in den Jahren direkt nach Ende der Feindseligkeiten 1944–45 an. 1950 hatten alle wirtschaftlich entwickelten Länder des Westens und selbst einige Länder der »Dritten Welt« den Aufbau mindestens einer privaten Umfrageorganisation auf ihrem Gebiet erlebt. Und die meisten von ihnen wurden in eines der beiden Weltnetze von Umfrageagenturen eingebracht: Gallup Affiliates oder den zunächst mit Roper verbundenen International Research Associates (INRA). Diese beiden Netze leisteten entscheidende Dienste: Sie machten den Umfrage-Beruf international; sie verbreiteten Techniken und Standards in einem Land nach dem anderen; sie sammelten Erfahrungen über die Verwendung äquivalenter Frageformulierungen und Meßtechniken in verschiedenen Ländern; sie boten Regierungsstellen, Wirtschaftsunternehmen und selbst Wissenschaftlern an Universitäten Einrichtungen für die Durchführung vergleichender Erhebungen und Umfragen.

Dies war jedoch nur eine von drei getrennten Entwicklungen auf diesem Gebiet der Datensammlung: zunehmend bauten Regierungs- und Verwaltungsstellen Stäbe auf, um Stichprobenerhebungen und -umfragen durchzuführen, und eine Reihe akademischer Institutionen konnte Feldforschungsorganisationen der einen oder anderen Art einrichten, entweder allein oder durch verschiedene gemeinsame Arrangements.

Um einen gewissen Überblick über diese Entwicklungen zu bekommen, müssen wir auf unsere Unterscheidung zwischen alternativen »Modellen des Datensammelns« zurückkommen.

Die kommerzielle Umfrage (survey) wurde im wesentlichen der Wahl und dem Referendum nachgebildet: selbst der Name

bis 383; H. BLUMER, »Public Opinion and Public Opinion Polling«, *American Sociological Review* 13 (1948), pp. 542–565; H. ARBUTHNOT, »Democracy by Snap Judgment«, *Listener,* 4. März 1948, pp. 367–368; L. ROGERS, *The Pollsters,* New York, Knopf, 1949; H. SPEIER, »The Historical Development of Public Opinion«, in seinem: *Social Order and the Risk of War,* New York, Steward, 1952; H. HYMAN, *Survey Design and Analysis,* Glencoe, Free Press, 1955, Kap. VIII; P. LAZARSFELD, »Public Opinion and the Classical Tradition«, *Public Opinion Quarterly* 21, 1957, pp. 39–53.

polls (Abstimmungen), den man benutzte, um Feldforschungsoperationen dieses Typs zu bezeichnen, unterstrich diesen Ursprung der Versuche, die die amtlich etablierten Befragungen des »Volkes« auf ein Miniaturformat brachten. Der große Durchbruch 1936 war Ergebnis des erfolgreichen Versuches, Wahlen vorher zu simulieren. Es bestand ausreichende Isomorphie zwischen der Situation im Interview und der Situation in der Wahlzelle, um die offiziellen Ergebnisse aus den erstellten Häufigkeiten der Antworten gegenüber den Interviewern mit Sicherheit vorauszusagen. Die entscheidende Entwicklung fand jedoch hinterher statt: die kommerziellen Befrager gingen vom Modell der Wahl zum Modell des Referendums über: Sie behaupteten, den »Puls des Volkes« nicht nur in bezug auf Parteienstärke oder Kandidatenwahl fühlen zu können, sondern selbst für inhaltliche Fragen der Politik. Das Modell des Referendums oder Plebiszits hatte einen tiefgreifenden Einfluß auf den Arbeitsstil der kommerziellen Institute für ihre Berichte an Zeitungen und Rundfunkstationen zu Themen der Politik, genauso wie für ihre Untersuchungen des Verbrauchermarktes, der Präferenzen der Massen zwischen Produkten.

In der Frühphase der kommerziellen Umfragen und der Marktforschung gab der typische Bericht zu jeder Frage nur den Prozentsatz der Antworten in der einen oder anderen Richtung: so viele X, so viele Y, so viele Z, so viele unentschlossen. Das zugrunde liegende Modell der Öffentlichkeit war plebiszitär und egalitär. Die Befrager (pollsters) gingen von der Grundannahme der Demokratie mit allgemeinem gleichen Wahlrecht aus: »Ein Bürger, eine Stimme, ein Wert«. Sie setzten Wahlstimmen und andere Meinungsäußerungen gleich und legten jeder derartigen Äußerung den gleichen numerischen Wert bei, gleich ob sie aktiv und unabhängig von einem Interview geäußert oder erst in der Interviewsituation hervorgelockt wurde. Die Gesamtsumme solcher Einheiten von Äußerungen wurde als Annäherung an »die öffentliche Meinung« zu einem bestimmten Thema präsentiert. Das Ziel war offensichtlich nicht allein die Meinungsgewinnung, Klassifizierung und Aufzählung: wesentliches Ziel war es, den »Willen des Volkes« durch Stichprobeninterviews statt durch Wahlen oder Referenda herzustellen. Für Pioniere wie George Gallup und Elmo Roper war die »Umfrage« (poll) im wesentlichen eine neue Technik demokratischer Kontrolle: die Interviews halfen den Willen der »nicht-artikulierten, unorganisierten Mehrheit des Volkes« aufzudecken und zu einem Gegengewicht gegenüber den vorherrschenden Einflüssen der vielen Minderheitsinteressen zu machen.[42]

Über Jahre hat diese Betonung des Plebiszits als Modell die kommerziellen Praktiker in Gegensatz zu amtlichen und akademischen Umfrageprofessionellen gesetzt.

Seit Ende der dreißiger Jahre haben einige Regierungsstellen Umfrage- und Erhebungsorganisationen (survey organizations) eingerichtet, um schnellere und billigere Datensammlung auf Gebieten zu sichern, die durch die traditionellen Systeme der Verwaltungsbuchhaltung nur spärlich erfaßt worden waren.

Unter diesen Organisationen war wahrscheinlich »Social Survey« (Sozial-Enquête), die unter dem Zentralen Informationsamt (Central Office of Information) in London eingerichtet wurde, am bekanntesten und holte in ihren Untersuchungen am weitesten aus. Die Operationen dieser Regierungsstellen waren im wesentlichen dem Zensus nachgebildet. Sie wurden dazu benutzt, mit geringem Kostenaufwand Schätzungen der Verteilung in gegebenen Populationen zu erhalten, und waren eng verknüpft mit den eminent praktischen Aufgaben, Richtlinien der Politik zu stützen.

Die akademischen Umfrage- und Erhebungsorganisationen blieben ebenfalls dem Zensusmodell treu, fügten aber zwei weitere Elemente hinzu:

- Die Testbatterie mit festgelegten Kategorien
- Die informelle Unterhaltung mit dem Interviewer

42 Die plebiszitären Voraussetzungen kommerzieller Meinungsumfragen (polling) sind mit außerordentlichem kritischen Scharfsinn durch den deutschen Politikwissenschaftler Wilhelm HENNIS in *Meinungsforschung und repräsentative Demokratie,* Tübingen, Mohr, 1957, analysiert worden. Diese Arbeit ist von besonderem Interesse als ein Versuch, die Kluft zu überbrücken zwischen der politischen Theorie der Repräsentation und Demokratie einerseits und der laufenden Kontroverse um die zugrundeliegenden Annahmen in der Praxis der Masseninterviews andererseits. In einer weiteren Perspektive diskutiert dieses Thema J. HABERMAS, *Strukturwandel der Öffentlichkeit,* Neuwied, Luchterhand, 1961. Die Position der »Umfrager« (pollsters) wird geschickt verteidigt in: G. SCHMIDTCHEN, *Die befragte Nation,* Freiburg, Rombach, 1959, und M. KOHN, *Umfragen und Demokratie,* Allensbach, Verlag für Demoskopie, 1959.

Historisch entwickelte sich die Testbatterie aus der standardisierten schulischen Prüfung. Im Gegensatz zum Einzel-Fragenansatz der Umfrage (poll) nach dem Modell des Plebiszits, brachte das Interview des Testtyps Antworten auf ein weites Spektrum von Themen innerhalb derselben Variationsfelder und bot so die Basis für eine Vielzahl von Gesamtmeßzahlen von Tendenzen, Orientierungen, Einstellungen und Persönlichkeitssyndromen. Die Techniken, Tests durchzuführen, wurden anfangs im Seminar und bei der Untersuchung anderer »vorgefundener« Personengruppen entwickelt, aber nach einigem Experimentieren wurden sie den Erfordernissen des Interviews »an der Haustür« angepaßt. Diese Entwicklung eröffnete eine Reihe von Möglichkeiten zur Innovation, nicht nur in der Reichweite und im Niveau des Datensammelns, auch in der statistischen Verfeinerung. Die kommerziellen Umfragen (polls) hatten sich typischerweise auf elementare statistische Auswertungen ihrer Daten beschränkt: ihre meisten Ergebnisse wurden in einfachen Prozentsatztabellen aufgeführt. Mit der Einführung der multi-Fragen Testbatterien gab es eine merkliche Steigerung der statistischen Verfeinerung bei der Analyse von Erhebungen (surveys): die Antworten, die in Interviewerhebungen gesammelt worden waren, wurden nicht mehr nur der typischen Behandlung der Korrelations- oder Faktorenanalyse unterworfen, der Art, wie man sie aus den früheren Phasen der Differentiellen Psychologie und der Erziehungspsychologie kannte, sie boten auch Gelegenheiten, leistungsfähigere neue Techniken, die dem qualitativen Charakter der Daten angemessener waren, zu entwickeln: wie etwa Guttmans Skalierungsverfahren, Lazarfelds Analyse latenter Strukturen und verschiedene Formen der Analyse von Merkmalsräumen.

Ein Hauptkennzeichen der voll entwickelten akademischen Surveyoperation ist ihre extreme Flexibilität: sie erlaubt, Elemente aus allen Modellen des »bürokratischen« Datensammelns zu kombinieren und fügt ein weiteres, vielleicht noch wichtigeres Modell hinzu, die informelle Unterhaltung unter Fremden. Das Survey Research Center der Universität Michigan hat einen bahnbrechenden Beitrag zur Entwicklung des informellen offenen (»open-ended«) Interviews als Werkzeug der Datensammlung geleistet: es gab bereits ein wachsendes Bewußtsein von der Künstlichkeit vieler Antwortkategorien auf Fragen mit festgelegten Alternativen, wie man sie aus dem Zensusmodell übernommen hatte, noch stärker war dies bei denjenigen, die dem Plebiszitmodell entnommen waren. So wurden immer stärker ausgearbeitete Versuche unternommen, den Fluß einer informellen, ungezwungenen Unterhaltung annähernd zu erreichen, ohne die unbedingt gebotenen Kontrollen der Vergleichbarkeit zwischen den Interviews (cross-interview comparability) zu gefährden. Dies gekoppelt mit einigen Parallelentwicklungen in den »fallorientierten« Verhaltenswissenschaften: dem therapeutischen Gespräch, wie man es aus der religiösen Praxis der Beichte geerbt und in den verschiedenen Schulen der Psychoanalyse weiterentwickelt hatte, dem Beratungsgespräch, wie es in den Traditionen der Sozialarbeit und der Erziehungspsychologie entwickelt worden war, dem persönlichen Interview, entwickelt in der Managementpsychologie, den informellen Befragungen von Informanten, wie sie Kultur- und Sozialanthropologen seit Jahrzehnten in ihren Studien prä-alphabetischer und traditionaler Gemeinschaften praktizierten. Diese Bewegungen an der Datenerhebungsfront wurden noch verstärkt durch gleichlaufende Entwicklungen an der Datenkategorisierungs- und Datenverarbeitungsfront. Die in der Linguistik, Folklore und Kommunikationsforschung gemachten Versuche, Techniken für die statistische Analyse von Stil und Inhalt mündlicher und textlicher Mitteilungen auszuarbeiten, half den Analytikern von Erhebungen (surveys), Wege zu finden, mit den offenen (»open-ended«) Antworten umzugehen und Techniken zu entwickeln für die Extraktion signifikanter Dimensionen der Variation im Mitteilungsfluß, wie die Interviewer ihn aufgenommen hatten.

Die schnelle Ausbreitung internationaler Netze von Interview-organisationen hat damals sehr dazu beigetragen, vergleichbare Verfahren für die Meinungserhebung und für Marktstudien quer durch mehrere verschiedene Länder zu entwickeln.[43] Nur eine Handvoll akademischer Sozialwissenschaftler hat sich während des ersten Jahrzehnts für diese internationale Entwicklung interessiert, aber zumindest einige wenige anregende Anfänge

[43] Eine Bibliographie dieser Entwicklungen gibt S. ROKKAN *et al.*, *Comparative Survey Analysis, op. cit.*

wurden gemacht. Einer der ersten bei der Benutzung dieser neuen Techniken der inter-nationalen Forschung war der amerikanische Psychologe Hadley Cantril. Er zeigte, wie diese Maschinerie der Datensammlung benutzt werden kann, um Licht auf zentrale Probleme beim Studium internationaler Kommunikation zu werfen: Seine von der UNESCO geförderte Studie: *How Nations See Each Other*[44] war der erste in einer Reihe von Versuchen, systematisch die nationalen Intervieworganisationen für theorieorientierte vergleichende Forschung zu nutzen. Er verwies auch auf die Möglichkeiten, die schnell wachsende Produktion von Interviewdaten für vergleichende Sekundäranalyse heranzuziehen. Seine umfangreiche Zusammenstellung von Ergebnissen bis 1946[45] ebnete den Weg für folgende Versuche, nicht nur Presseveröffentlichungen und Berichte aus den Meinungsforschungsinstituten der ganzen Welt, sondern zugleich die Rohdaten zu ihren Untersuchungen, wie sie auf Lochkarten und Tonbändern festgehalten wurden, zu sammeln.

Die nächste große Welle der Internationalisierung rollte etwa in der zweiten Hälfte der fünfziger Jahre. Diese Jahre sahen den Beginn der Bewegung zur Datenarchivierung[46], sie waren Zeuge eines merklichen Anwachsens im Interesse der Wissenschaftler an den internationalen Möglichkeiten der neuen Techniken des Datensammelns. Ab Mitte der fünfziger Jahre befanden sich Pläne, Entwürfe und Schemata für inter-kulturelle und inter-nationale Datensammlung und Datenanalyse in ständiger Gärung; viele von ihnen brachten wichtige Datenmateria-

[44] W. BUCHANAN und H. CANTRIL, *How Nations See Each Other,* Urbana, Univ. of Illinois Press, 1953.

[45] H. CANTRIL, M. STRUNK (eds.), *Public Opinion 1935–46,* Princeton, Princeton Univ. Press, 1951. Das *Public Opinion Quarterly* hat Umfrage-(›poll‹)ergebnisse von 1940 bis 1951 und ab 1961 aufgeführt, aber diese Zusammenstellungen deckten den Berichtsraum nicht systematisch ab. Das Steinmetz Institut der Universität Amsterdam hat ein wichtiges Archiv mit den Veröffentlichungen und Berichten von Umfrageorganisationen gesammelt; von 1965 bis 1969 hat es die Zeitschrift *Polls* veröffentlicht, um die Fragen und die Gesamtverteilungen von Antworten in Studien, die auf der ganzen Welt durchgeführt wurden, zu registrieren.

[46] Der erste systematische Bericht war »Data in Comparative Research«, *International Social Science Journal* 16 (1), 1964 und in: S. ROKKAN (ed.) *Data Archives for the Social Sciences,* Paris, Mouton, 1968; vgl. die weiteren Berichte in Y. LUCCI und S. ROKKAN, *A Library Center for Survey Research Data,* New York, Columbia Univ. School of Library Services, 1957.

lien hervor und führten zu interessanten analytischen Neuerungen. Die große Mehrheit der zentral koordinierten Projekte war amerikanischen Ursprungs. Bis weit in die sechziger Jahre war es nur möglich, durch Stellen und Stiftungen der Vereinigten Staaten Gelder für solche kostspieligen akademischen Forschungsvorhaben aufzubringen. Jede Aufstellung von Prioritäten unter solchen amerikanischen Projekten muß notwendig willkürlich sein, aber mir scheinen die folgenden die wichtigsten Beispiele akademisch orientierter Datensammlungsunternehmen über drei oder mehr Länder seit Anfang der fünfziger Jahre:

Die früheste koordinierte Umfragestudie in Entwicklungsländern war die Untersuchung von sechs Ländern des Mittleren Ostens, angeregt durch Lazarsfeld am Columbia University Bureau of Applied Social Research in den Jahren 1949 bis 1951: zunächst wurde sie nur in wenigen internen Berichten vorgelegt, aber später in einem breiten theoretischen Rahmen durch Daniel Lerner analysiert.[47] Parallele Versuche der Umfrageforschung in den Entwicklungsländern wurden von Hadley Cantril, dem großen Pionier inter-nationaler Umfragen durchgeführt. Er baute das Institute for International Social Research in Princeton, New Jersey, auf und organisierte mit seinem Kollegen Lloyd Free zahlreiche Untersuchungen über Massen- und Eliteeinstellungen in der ganzen Welt. Der wichtigste dieser detaillierten Berichte schilderte die Benutzung seiner »Self-Anchoring Striving Scale«, eine vom Befragten selbst verankerte Skala von Erwartungen, in fünf Kontinenten: in vier hochentwickelten Ländern (den Vereinigten Staaten, der Bundesrepublik Deutschland, Israel und Japan), in drei sehr unterschiedlichen sozialistischen Staaten (Polen, Jugoslawien und, interessanterweise, Castros Kuba) und in sieben typischen »Entwicklungs«-ländern (Panama, Philippinen, Dominikanische Republik, Brasilien, Ägypten, Nigeria und Indien).[48]

Einige vergleichende Studien haben sich auf Faktoren des Wandels und der Modernisierung in Entwicklungsländern konzentriert. David McClelland[49] konnte seinen »*n*-Leistungstest«

[47] D. LERNER, *The Passing of Traditional Society,* Glencoe, Free Press, 1958.
[48] H. CANTRIL, *The Pattern of Human Concerns,* New Brunswick, Rutgers Univ. Press, 1965.
[49] D. C. McCLELLAND, *The Achieving Society, op. cit.*

an verschiedenen Stichproben in Brasilien, Deutschland, Indien, Italien, Japan, Polen und der Türkei wiederholen. Er entwickelte eine faszinierende Theorie der Persönlichkeitssyndrome, die am ehesten unternehmerische Fähigkeiten in Entwicklungsländern hervorbringen würden. Alex Inkeles führte einen 119-Punkte-Test der »Modernität in den Einstellungen« an passenden Stichproben des »einfachen Mannes« in Argentinien, Chile, Indien, Israel und Nigeria durch[50]. Und Sidney Verba konnte in zwei dieser Länder, Indien und Nigeria, eine Studie über Einstellungen gegenüber sozialem und politischem Wandel finanzieren, um sie dann vergleichend mit entsprechenden Daten aus Japan und den Vereinigten Staaten zu analysieren. (Mexiko war Teil des ursprünglichen Plans, mußte aber im Nachspiel des Projekts Camelot fallengelassen werden.) Eine wichtige vergleichende Untersuchung der Einstellungen gegenüber wirtschaftlichem Wachstum ist im Augenblick (1970) im Planungsstadium am Massachusetts Institute of Technology: Frederick Frey wird sie leiten.

Einige Psychologen fanden es reizvoll, ihre Tests und Techniken in fremden Ländern zu wiederholen. Ein Pionier auf dem Gebiet psychologischer Messungen, Charles Osgood, konnte seine Kollegen in nahezu zwanzig Sprachgemeinschaften dazu überreden, sein Verfahren der Polaritäts-Profile (semantic differential technique) zu benutzen.[51] Die Andersons konnten ihren Test, die »Unvollendete Geschichte« in etwa zehn Ländern wiederholen und so Unterschiede der Schüler-Lehrer-Beziehungen in demokratischen gegenüber autoritären Umgebungen erforschen; Lambert und Klineberg arbeiteten mit Stichproben von Kindern verschiedener Altersgruppen in neun Ländern und überprüften Hypothesen zum Wachsen von Stereotypen über fremde Völker.[52]

[50] Erster Bericht: D. H. SMITH und A. INKELES, »The OM Scale: A Comparative Social Psychological Measure of Individual Modernity«, *Sociometry* 25 (4), Dez. 1966, pp. 353–377.

[51] Vgl. C. OSGOOD, »On the Strategy of Cross-National Research into Subjective Culture«, *Social Science Information* 6 (1), Feb. 1967, pp. 6–37.

[52] Vgl. H. H. und G. L. ANDERSON, »Image of the Teacher by Adolescent Children in Seven Countries«, *American Journal of Orthopsychiatry*, Juli 1961, pp. 481–82; W. E. LAMBERT und O. KLINEBERG, *Children's Views of Foreign Peoples: A Cross-National Study*, New York, Appleton, 1966.

Unter den Anthropologen waren die Whitings führend beteiligt an der Entwicklung standardisierter Zeitpläne, um Information über Gewohnheiten, Kinder großzuziehen, aufzunehmen. Sie organisierten eine wichtige Datensammlungsoperation in sechs Kulturen auf etwa die gleiche Art wie die typische inter-nationale Übersichtsstudie.[53]

Keiner dieser Versuche hat so viel Aufmerksamkeit in der wissenschaftlichen Welt gefunden wie die Versuche, neue Daten zu sammeln und neue Einblicke durch inter-nationale Erhebungsoperationen zu gewinnen, in der politischen Soziologie und der behavioristischen politischen Wissenschaft. Die bekannteste und in vieler Hinsicht umstrittenste und anregendste dieser Studien war Gabriel Almonds und Sidney Verbas Bericht über eine Untersuchung in fünf Ländern: *The Civic Culture,* eine vergleichende Erhebung jeweils eines Querschnitts der erwachsenen Bevölkerung in den Vereinigten Staaten, Groß-Britannien, der Bundesrepublik Deutschland, Italien und Mexiko[54]. Eine Reihe politischer Soziologen, die sich inter-nationalen Vergleichen widmen, haben lieber mit Sekundärdaten über ein breites Spektrum von Ländern gearbeitet: Seymour Martin Lipset, William Kornhauser und Robert Alford stützten sich auf Daten aus unabhängig voneinander durchgeführten kommerziellen Umfragen und Erhebungen und versuchten die Ergebnisse in die umfassenden Perspektiven von Geschichte und Theorie einzuordnen.[55] Soziologen wie Daniel Lerner[56] und Politische Wissenschaftler wie Karl Deutsch[57] konnten umfangreiche Untersuchungen der Eliteeinstellungen in West-Europa organisieren. Sie versuchten, das Material solcher Elite-

[53] B. B. WHITING (ed.), *Six Cultures: Studies of Child Rearing,* New York, Wiley, 1963; J. W. M. WHITING *et al., Field Guide for the Study of Socialization,* New York, Wiley, 1966.
[54] G. A. ALMOND und S. VERBA, *The Civic Culture,* Princeton, Princeton Univ. Press, 1963.
[55] S. M. LIPSET, *Political Man, op. cit.;* W. KORNHAUSER, *The Politics of Mass Society,* New York, Free Press, 1959; R. ALFORD, *Party and Society,* Chicago, Rand McNally, 1963.
[56] D. LERNER, »Interviewing European Elites«, *Polls* 2 (1), 1966, pp. 1–7.
[57] K. W. DEUTSCH, *France, Germany and the Western Alliance, A Study of Elite Attitudes on European Integration and World Politics,* New York, Scribners, 1967; R. L. MERRITT und D. J. PUCHALA (eds.). *The Western European Perspectives on International Affairs: Public Opinion Studies and Evaluations,* New York, Praeger, 1968.

interviews mit Sekundärmaterial aus Massenumfragen zu verknüpfen. Die sehr aktive Gruppe der Wahlanalytiker am Survey Research Center begann auch in Europa in einem Land nach dem anderen zu arbeiten. Die Gruppe organisierte lokale und das ganze Land umfassende Erhebungen, die den in den Vereinigten Staaten erfolgreich durchgeführten Erhebungen vergleichbar waren.[58] Schließlich konnten Philip und Betty Jacob die Organisation einer detaillierten Studie in vier Ländern über »Werte in der lokalen Verwaltung« finanzieren: dieses Projekt umfaßt die Vereinigten Staaten, Polen, Jugoslawien und Indien und hat eine eindrucksvolle Reihe von Memoranden, Konferenzberichten und ersten Analysen erbracht.[59]

[58] S. ROKKAN und A. CAMPBELL, »Citizen Participation . . .«, *op. cit.;* A. CAMPBELL und H. VALEN, »Party Identification in Norway and the United States«, *Public Opinion Quarterly* 25, 1961, pp. 505–525; P. E. CONVERSE und G. DUPEUX, »De Gaulle et Eisenhower«, *Revue française de science politique* 12 (1), März 1962, pp. 54–92.

[59] A. PRZEWORSKI und H. TEUNE, »Equivalence in Cross-National Research«, *Public Opinion Quarterly* 30 (4), 1966, pp. 551–568.

III Die entscheidende Herausforderung: Die Konstruktion von Typologien der »Makro«-Umgebungen, die Variationen im menschlichen Verhalten bestimmen

Das Gewirr an Initiativen kann leicht überwältigen; und es ist verlockend, den Anspruch einiger dieser Studien kritisch abzuklopfen. Wenig Zweifel kann aber über den Wert vieler dieser Projekte als Trainingsübungen bestehen. Sie helfen, den Horizont der Sozialwissenschaftler erweitern; ihre Funktion ist im wesentlichen heuristisch, indem sie neue Einblicke in neue Hypothesen über jede der erfaßten Gesellschaften liefern. Es kann auch kein Zweifel über den Wert einiger dieser Projekte als Datensammlungsunternehmen bestehen. Ohne solche Initiativen wäre unser Informationsvorrat über jede Gesellschaft erheblich ärmer. Aber was ist für die *sozialwissenschaftliche Theorie* dabei herausgekommen? Hat irgendeins dieser Projekte vergleichender Forschung zu besonderen Fortschritten in der Formulierung kohärenter Sätze von Thesen beigetragen in bezug auf die Ursachen der Variationen in Sozialstrukturen und menschlichen Verhaltensweisen?

Bis hierher haben wir in diesem Bericht nur beiläufig Probleme der sozialwissenschaftlichen Theorie berührt: Wir haben einen Abriß der Rangordnungen von Variationen, die durch inter-kulturelle und inter-nationale Vergleiche studiert worden sind, vermittelt und haben Entwicklungen in drei unterschiedlichen Traditionen vergleichender Forschung beschrieben. Die Entscheidung, solche Fragen der Methodologie und Forschungsorganisation derart breit zu behandeln, war im Kern durch editorische Überlegungen motiviert: unser Ziel war, den Darstellungen in den längeren Kapiteln, die sich am Anfang dieses Bandes den einzelnen Sozialwissenschaften widmen, eine inter-disziplinäre (cross-disciplinary) Perspektive hinzuzufügen.* Unsere Diskussion der Rangordnungen von Variationen und unser Bericht über die verschiedenen Richtungen vergleichender Forschung geht quer durch die meisten Gebiete, die in diesem Band behandelt werden: genau aus diesem Grund gibt es sehr

* Dieser Text erschien ursprünglich in: UNESCO (ed.), *Main Trends of Research in the Social and Human Sciences* (Paris, 1970). Stein Rokkans »Hinweise auf andere ›Kapitel‹« beziehen sich auf diesen Zusammenhang.

geringe Überschneidungen mit den Kapiteln über die Einzeldisziplinen. Überschneidungen mit einem Abriß der Fortschritte in sozialwissenschaftlicher Theorie lassen sich allerdings nicht vermeiden. Einige der Kapitel über Einzeldisziplinen behandeln die verschiedenen Richtungen der Theoriebildung ausführlich; sie analysieren den Einfluß vergleichender inter-kultureller und inter-nationaler Studien auf die Entwicklung begrifflicher Rahmen und auf die Konstruktion von Erklärungsmodellen. So gibt Paul Lazarsfeld einen Überblick über Entwicklungen auf dem Gebiet der Makrosoziologie und betont die Bedeutung systematischer Vergleiche für die Kodifizierung von Thesen und »Theorie-Skizzen« auf der Ebene ganzer nationaler Gesellschaften. William Mackenzie gibt in seinem Kapitel über Trends in der Politischen Wissenschaft der Tradition des systematischen interstaatlichen (cross-polity) Vergleichs einen prominenten Platz: poetisch bereitete Herodot dieser Richtung den Weg, philosophisch war es Aristoteles, und Montesquieu und Tocqueville erneuerten sie zwei Jahrtausende später mit so großer Durchschlagskraft. Im Zusammenhang dieses Sammelbandes würde es daher wenig sinnvoll sein, einen breit angelegten Überblick über die Implikationen vergleichender Forschung für die Entwicklung der sozialwissenschaftlichen Theorie zu versuchen. Statt dessen wollen wir unsere Aufmerksamkeit einem einzigen zentralen Themenkomplex der Entwicklung einer weltweiten Wissenschaft vom Menschen und der Gesellschaft zuwenden: Den Möglichkeiten »große Theorie« in *Typologien von »Makro-Umgebungen«* für die Variationen menschlichen Verhaltens, mit denen man empirisch arbeiten kann, umzusetzen und den Folgen solcher Typologien für Entscheidungen über die kulturelle und geographische Reichweite von Vergleichen auf der Ebene von Gemeinden, Haushalten und Individuen.

Diese Probleme reichen quer durch alle Fächer der Human- und Sozialwissenschaften: sie sind von zentraler Bedeutung in den Disziplinen, die sich dem Studium der Strukturen der Interaktion zwischen Menschen widmen. Ein Großteil der Literatur auf dem Gebiet der vergleichenden Anthropologie konzentriert sich auf die jeweiligen Vorzüge alternativer Typologien

60 Vgl. O. LEWIS, »Comparisons in Cultural Anthropology«, *op. cit.*

und auf die Möglichkeiten regionale Reichweiten für inter-gesellschaftliche Vergleiche aufzustellen.[60] In der Diskussion um die Analyse und Interpretation von Daten der Produktion, der Arbeitskräfte und des Tauschhandels in schriftlosen Gesellschaften, die die Anthropologen in Gegensatz zu den Wirtschaftswissenschaftlern gestellt hat, geht es um ähnliche Probleme: wie weit kann man sinnvollerweise Modelle »dehnen«, die an einem Ende des Kontinuums entwickelt worden sind, um die Dämmerzonen teil-monetarisierter, teil-mobilisierter Gemeinden in Entwicklungsländern zu erfassen? Ähnliche Kontroversen entstanden, als Soziologen und politische Wisenschaftler eifrig versuchten, ihre Techniken und Methoden der Analyse auf die neuen Nationen der »Dritten Welt« zu übertragen: Anthropologen und Spezialisten anderer Gebiete haben sich solchen Versuchen, eine Datenbasis für Vergleiche quer durch Gesellschaften zu erstellen, die sich so fundamental in Struktur und Ethos unterscheiden, unermüdlich widersetzt. Die Angriffe auf die universalistischen Annahmen, die Murdocks statistischen Korrelationen von Auswahlen der Weltgesellschaften zugrunde liegen, haben ihr Gegenstück in der Kritik, die von Anthropologen und Historikern an solchen Versuchen weltweiter Datenarchivierung, wie sie Karl Deutsch betreibt, geübt wird und an solchen universellen Modellen sozio-kultureller-politischer Entwicklung wie Talcott Parsons unter den Soziologen und Gabriel Almond, Lucien Pye und ihre Mitarbeiter der Bewegung einer vergleichenden Politikwissenschaft sie skizziert haben. Die Extreme dieser Kontroverse sind leicht umrissen: am einen Pol: alle Gesellschaften, vergangen, gegenwärtig oder zukünftig, bilden Einheiten potentiellen Vergleichs, sie sollten schließlich der Überprüfung gegenüber geschlossenen Modellen universeller hypothetisch-deduktiver Erklärung unterworfen werden; am anderen Pol: alle Gesellschaften sind kulturell und historisch einmalig. Sie lassen ein Verstehen durch Vergleich mit anderen Gesellschaften nicht zu.

Die Murdock-Schule kommt dem universalistischen Extrem am nächsten. Seine Schüler wollen sichern, daß alle bekannten Varianten eine Chance haben, in der Stichprobe repräsentiert zu sein und sehen wenige, wenn überhaupt direkte Begrenzungen für sinnvolle Vergleiche quer durch die Hauptregionen der Welt. Für diese Schule stellen die Diffusion kultureller Charakteristika und gemeinsame historische Erfahrungen nur viele störende Elemente dar beim Planen einer Stichprobe von Gesellschaften; sie konstituieren kein Kriterium für die Begrenzung von Vergleichen. Die langwierige Kontroverse über die Frage, die als »Galton's Problem« bekannt geworden ist, kann uns einiges über die Art und Weise aufzeigen, wie Unterschiede im intellektuellen Ansatz die Organisation vergleichender Forschung beeinflussen. In einer berühmten Vorlesung stellte der englische Anthropologe Edward Tylor 1889 die erste inter-kulturelle Tabelle assoziierter Kennzeichen für eine Stichprobe von Gesellschaften vor und wurde von dem Statistiker Galton angegriffen, weil er es versäumt habe, die Möglichkeiten kultureller Deffusion in Betracht zu ziehen. Tylor hatte eine 2 x 2-Tabele aufgestellt, um die Zusammenhänge zwischen den Charakterzügen »Vermeidung der Schwiegerfamilie« und »patrilokale Residenz« zu prüfen, hatte aber in seine Fallzählung einige Gesellschaften eingeschlossen, die geographisch und kulturell eng zusammenhingen und die bestehende Kombination von Charakterzügen aus einer gemeinsamen Quelle hergeleitet haben konnten.[61] Tylors Nachfolger haben diese Warnung beachtet und ihr Bestes getan, um aus ihren Stichproben Gesellschaften auszuschließen, die als mehrere »duplikate Kopien des gleichen Originals« interpretiert werden könnten, um Galtons Formulierung zu benutzen.[62] Aber das ist kaum eine dauerhafte Strategie in einer Welt, die durch die Verbreitung von Technologien und Ideen und durch zunehmend geteilte historische Erfahrungen ständig schrumpft. Die Murdock-Strategie wäre in einer Welt isolierter Gesellschaften und lokaler Religionen ausgezeichnet anwendbar; sie gerät in einer Welt missionarischer Religionen und Ideologien und ständig expandierender Netze der Kommunikation, des Austauschs und der Organisation in eine Vielzahl technischer, logischer und statistischer Schwierigkeiten.

[61] E. B. TYLOR, »On a Method of Investigating the Development of Institutions«, *Journal of the Royal Anthropological Institute* 28, 1889, pp. 245–280.

[62] Vgl. R. NAROLL, »Two Solutions to Galton's Problem«, in: F. W. MOORE (ed.), *Readings in Cross-Cultural Methodology*, New Haven, HRAF Press, 1961, und *Data Quality Control: A New Research Technique*, Glencoe, Free Press, 1962.

Vergleichende Soziologen wie Shmuel Eisenstadt, Reinhard Bendix, Seymour Martin Lipset, Barrington Moore und Talcott Parsons und vergleichende politische Analytiker wie Gabriel Almond, Karl Deutsch, Samuel Huntington, Robert Holt und John Turner haben sich bewußt für die Alternative entschieden: die Kommunikations-, Diffusions- und Innovationsvariablen direkt in ihre Modelle einzubauen und sich auf die vergleichende Analyse von Einheiten zu konzentrieren, die aus dem Zusammenschluß kleiner Gesellschaften des Typs, der von Anthropologen studiert wird, entstehen. Jack Goody und Ian Watt haben pointiert Anthropologie als die Wissenschaft vom Menschen als einem sprechenden Wesen, Soziologie als Wissenschaft vom Menschen als schreibendem Wesen auf den Begriff gebracht.[63] Das ist der Kern der Spaltung zwischen den Vergleichen isolierter Gesellschaften im Tylor- und Murdockstil und Vergleichen von Imperien und Nationalstaaten durch die Nachfolger von Montesquieu, Tocqueville und Weber. Die Einführung schriftlicher Kommunikation weitet die Möglichkeiten der Kontrolle über Raum und Zeit aus und verändert den Charakter der Sozialstruktur. Talcott Parsons hat diese »kybernetische« Interpretation in seiner jüngsten Stellungnahme zur vergleichenden Geschichte der Gesellschaften hervorgehoben. Sein weit ausholender Abriß reicht von den sozial-kulturell-politisch am geringsten differenzierten schriftlosen Gesellschaften über die frühen Reiche mit Zeichenschriften und die alphabetisierten »Nährboden«-Gesellschaften Israels und Griechenlands bis zu den entwickelten Nationalstaaten der Moderne.[64] Solche übergreifenden interpretierenden Stellungnahmen können zeitweilig den Charakter von Übungen in Geschichtsphilosophie annehmen, aber sie weisen auf wichtige Aufgaben für den detaillierten Vergleich hin.

Die am besten belegten historischen Vergleiche haben sich auf begrenzte Reichweiten von Beispielen oder auf kürzere Zeitspannen konzentriert: auf die Bedingungen der Herausbildung zentralisierter Bürokratien und differenzierter nationaler Ge-

[63] J. GOODY und I. WATT, »The Consequences of Literacy«, *Comparative Studies in Society and History* 5, 1963, pp. 304–45.
[64] T. PARSONS, *Societies: Comparative and Evolutionary Perspectives*, Englewood Cliffs, Prentice-Hall, 1967, und *The System of Modern Societies*, Englewood Cliffs, Prentice-Hall, 1970.

meinwesen und auf die Stadien und Sequenzen von Integration und Konsolidierung, Stagnation und Niedergang.

Diese Studien unterscheiden sich außerordentlich in ihren Strategien. Wir können mühelos drei Ansätze unterscheiden:

- Analysen, die sich darauf konzentrieren, *einen Typ von Gemeinwesen* auf den Begriff zu bringen und ein Paradigma für den Vergleich aller historischen Beispiele zu konstruieren, die diesem nahekommen, wo auch immer sie zeitlich oder räumlich bestanden haben;
- Vergleiche zwischen Paaren oder Vielfachen der *führenden oder Innovation leistenden Gemeinwesen* quer über alle Regionen der Welt in etwa derselben Zeitspanne;
- Vergleiche aller Gemeinwesen innerhalb *einer kulturell-historisch* homogenen Region der Welt.

Shmuel Eisenstadts außerordentliche Arbeit über das Entstehen und den Verfall bürokratischer Imperien[65] bietet ein ausgezeichnetes Beispiel für Vergleiche des ersten Typs. Noch liegt keine in Breite und analytischer Schärfe vergleichbare Arbeit vor über den zweiten Haupttyp der »inter-Gemeinde«- (cross-community) Organisation zur Mobilisierung von Ressourcen und zur territorialen Kontrolle: über den Nationalstaat.

Karl Deutsch hat uns ein anregendes kybernetisches Modell der Prozesse der Nationenbildung geliefert; aber er hat es nur auf wenige empirische Fälle angewandt. Seine bahnbrechende Arbeit über *Nationalism and Social Communication* beschränkte die quantitativen Vergleiche auf vier Länder[66] und die Datenbank, die er für die Analyse von Variationen zwischen Nationalstaaten aufbaute, erfaßt keine ausreichend langen Zeitspannen, um das Testen von Entwicklungsmodellen zu ermöglichen.[67] Sein vielleicht größter Beitrag ist der Versuch, Verfahren zu kodifizieren, mit denen man Variationsindikatoren von Mobilisierungsraten aufstellen kann innerhalb der aktuellen oder potentiellen Territorien von Nationalstaaten.[68] Diese Ar-

[65] S. N. EISENSTADT, *The Political Systems of Empires, op. cit.*
[66] K. W. DEUTSCH, *Nationalism and Social Communication*, Cambridge, MIT Press, 1953, rev. Aufl. 1966.
[67] Die überarbeitete Auflage von RUSSETT *et al.*, *World Handbook* wird einige Zeitreihen über 20–30 Jahre für die entwickelten Länder einschließen. Es ist 1971 erschienen.
[68] K. W. DEUTSCH, »Social Mobilization and Political Development«, *American Political Science Review* 65 (3), Sept. 1961, pp. 493–514.

beit hat eine Vielzahl von Versuchen der empirischen Überprüfung ausgelöst und als Sprungbrett für weitere Theoriebildung gewirkt.[69]

Die Modelle von Karl Deutsch haben die Vorstellungskraft einiger Wissenschaftler angeregt, aber sie waren begrenzt auf nur einen der vielen Komplexe von Prozessen, die der Bildung nationaler politischer Gemeinschaften inhärent sind: sie konzentrierten sich auf Variable, die die Raten der Eingliederung der nicht-mobilisierten lokalen Bevölkerungen in verschiedenen physikalischen und/oder kulturellen Entfernungen vom nationalen Zentrum erklären. Weit weniger Beachtung schenkten sie den Variationen in der Zeit bei den politischen und administrativen Maßnahmen der nationalen Standardisierung und Konsolidierung, die von den territorialen Zentren ergriffen wurden, oder den Dimensionen der Konflikte in der Elite über solche Maßnahmen. In der Arbeit von Deutsch und Weilenmann über die Bildung des Schweizerischen Gemeinwesens[70] gibt es sehr anregende Ausblicke auf die Konstruktion eines Modells der Variationen in den Prozessen der Allianzbildung im nationalen Zentrum, aber die Implikationen dieses Ansatzes der Analyse müssen erst für andere Beispiele multikultureller Nationenbildung wie der niederländischen, belgischen, kanadischen und libanesischen ausgearbeitet werden.

In mehreren Stufen entwickelte das Almond-Pye »Committee on Comparative Politics«[71] ein Paradigma, das ein größeres

[69] Vgl. S. ROKKAN und H. VALEN, »The Mobilization of the Periphery«, in: S. ROKKAN (ed.), *Approaches to the Study of Political Participation,* Bergen, Michelsen Institut, 1962; S. ROKKAN, »Electoral Mobilization, Party Competition and National Integration«, in: J. LaPALOMBARA und M. WEINER (eds.). *Political Parties and Political Development,* Princeton, Princeton Univ. Press, 1966; P. NETTL, *Political Mobilization,* London, Faber, 1967; und S. M. LIPSET und S. ROKKAN (eds.), *Party System and Voter Alignments, op. cit.*

[70] Vgl. K. W. DEUTSCH und H. WEILENMANN, »The Swiss City Canton: A. Political Invention«, *Comparative Studies in Society and History* 7 (4), 1965, pp. 393–408 und den demnächst erscheinenden Band der Autoren *United for Diversity. The Political Integration of Switzerland.*

[71] Die ersten Formulierungen erschienen bei G. ALMOND und J. COLEMAN (eds.), *The Politics of Developing Areas,* Princeton, Princeton Univ. Press, 1960. Für die folgenden Stadien der Ausarbeitung vgl. die sechs Bände der Serie *Studies in Political Development,* Princeton, Princeton Univ. Press, 1963–66 und die folgenden theoretischen Darstellungen: G. ALMOND, »A Developmental Approach to Political Systems«, *World Politics* 17, 1965, pp. 183–214; L. W. PYE, »The Concept of Political De-

Gleichgewicht zwischen Variablen der »Staatsbildung«, die Prozesse im Zentrum jedes Systems beschreiben, und Variablen der »Nationbildung«, die Prozesse des Wandels in den zugrundeliegenden territorialen Bevölkerungen erklären, bietet. Das Schema von Almond und Pye postuliert sechs Entwicklungskrisen. Sie definieren Komplexe von Herausforderungen, Punkte der Entscheidung oder Aufgaben der Politik, denen sich jede zentrale Elite oder Gegen-Elite, die sich darum bemüht, eine nationale, territoriale Gemeinschaft zu konsolidieren, gegenüber sieht. Das läuft auf den Vorschlag hinaus, alle historisch bestehenden Nationalstaaten in einem begrifflichen Gitter zu untersuchen, ganz gleich ob sie seit langem bestehen oder erst neubegründet wurden, ob sie in Europa, in europäischen Siedlungsgebieten in Übersee, in Asien oder in Afrika liegen. Das Ziel ist die weltweite vergleichende Analyse: das Paradigma ist ein Werkzeug zur Datenordnung über die Aufeinanderfolgen von Entscheidungen und Reaktionen, die zur Bildung von Nationalstaaten auf verschiedenen Ebenen kultureller Konsolidierung, politischer Mobilisierung und organisatorischer Leistungsfähigkeit führen.

Drei der sechs Krisen entstehen aus Konflikten um die Ausweitung und Differenzierung des Verwaltungsapparats des Nationalstaats:

- die *Penetrations-Krise* (penetration crisis): als entscheidende Herausforderung: die Etablierung eines koordinierten Netzes territorialer Handlungsträger der Administration unabhängig von lokalen Machtressourcen, den Direktiven aus den zentralen Entscheidungsorganen gegenüber empfänglich.
- die *Integrationskrise* (integration crisis): Zusammenstöße über die Aufstellung von Zuteilungsregeln für die Angleichung der Anteile an Verwaltungsämtern, Zuwendungen und Ressourcen unter allen kulturell-territorial-politisch getrenn-

velopment«, *Annals of the American Academy of Political and Social Science* 358, 1965, pp. 1–114; G. ALMOND und L. B. POWELL, *Comparative Politics: A Developmental Approach*, Boston, Little Brown, 1966; und L. W. PYE, »Political Systems and Political Development«, in: S. ROKKAN (ed.), *Comparative Research across Cultures and Nations*, Paris, Mouton, 1968. Das Manuskript von fünf bereits entworfenen Kapiteln für einen demnächst erscheinenden Band über *Crises in Political Development* zirkulierten 1966 [der Band ist von L. BINDER (ed.) 1970 bei Princeton Univ. Press herausgekommen].

ten Segmenten und Sektoren der nationalen Gemeinschaft.

- die *Verteilungskrise* (distribution crisis): Konflikte über die Ausweitung des Verwaltungsapparates des Nationalstaates durch die Organisation von Dienstleistungen und die Einführung von Kontrollmaßnahmen zur Egalisierung der wirtschaftlichen Bedingungen zwischen verschiedenen Schichten der Bevölkerung und zwischen den Gebieten, die sich in ihren Ressourcen und ihrem Produktionsniveau voneinander unterscheiden.

Die drei anderen Krisen entstehen aus den Konflikten zwischen Eliten und Gegen-Eliten um die Begrenzung und Differenzierung der territorialen Bevölkerung:

- die *Identitätskrise* (identity crisis): die entscheidende anfängliche Herausforderung bei der Etablierung und Ausdehnung einer gemeinsamen Kultur und der Entwicklung von Medien und Organisationen zur Sozialisierung zukünftiger Staatsbürger in diese Gemeinschaft gemeinsamer Codes, Werte, Erinnerungen und Symbole.
- die *Legitimitätskrise* (legitimacy crisis): Zusammenstöße über die Etablierung zentraler Strukturen der politischen Kommunikation, Konsultation und Repräsentation, die die Loyalität und das Vertrauen wichtiger Teile der nationalen Bevölkerung genießen und die regelmäßige Konformität mit den Grundsätzen und Regelungen, die durch die vom System autorisierten Stellen erlassen werden, sichern.
- die *Politische Mitwirkungskrise* (participation crisis): der Konflikt über die Ausweitung der Rechte auf Konsultation und auf Repräsentation aller Schichten der territorialen Bevölkerung und über die Sicherung der Rechte auf Zusammenschluß, Demonstration und Opposition.

Das Paradigma postuliert keine feste Aufeinanderfolge der Lösung der sechs Krisen; im Gegenteil, Zweck des Schemas ist es, die Variationen in der Sequenz von Herausforderungen, politischen Konflikten und tiefgehenden Krisen in den historisch bestehenden Gemeinwesen präzis zu bestimmen und Hypothesen über die Bedingungen des Auftretens solcher Variationen in den Prozessen der Nationenbildung zu erstellen. Leider ist in diesem Rahmen bisher an der Operationalisierung dieses Satzes allgemeiner Begriffe genau so wenig gearbeitet worden wie an der Klassifizierung der historischen Sequenzen von Konflikten und Entscheidungen. Charakteristisch ist, daß die meisten in der Darstellung und Diskussion des Schemas benutzten Beispiele aus der kurzen Geschichte der Nationalstaaten, die den Kolonialstatus nach dem Zweiten Weltkrieg hinter sich gelassen haben, gewählt sind.

Die entscheidende intellektuelle Motivation für die Entwicklung des Schemas war denn auch der Wunsch nach einer gewissen Ordnung und Kodifizierung der Einsichten, die man bei der ersten Studie dieser Staaten gewonnen hatte. Es hat keinen ähnlichen Versuch gegeben, Ordnung in die zugängliche Fülle historischer Information über die bereits funktionierenden Nationalstaaten Europas und der europäischen Siedlungsgebiete zu bringen. Zweifel, daß sich das Schema bei der vergleichenden Studie dieser älteren Nationalstaaten als brauchbar erweisen kann, bestehen kaum, aber die konkrete Erfahrung der Operationalisierung, Klassifizierung und Interpretation steht noch aus.[72]

Wie immer die Ergebnisse solcher Konkreter Tests aussehen werden, klar ist, daß dieses Krisen-Paradigma für sich kein Erklärungsmodell der Variationen im Ergebnis der Prozesse der Nationenbildung ist. Das Paradigma hilft die Information über jedes Bündel von Prozessen ordnen, aber es bildet kein System von Thesen, das die Folgen der wechselnden Sequenzen von Krisen und der wechselnden Koalitionen von Eliten mit nichtmobilisierten Bevölkerungen bei der Lösung der Krisen erfaßt.

In den vergangenen Jahren war dies ein Gebiet großen intellektuellen Reizes. Einige Soziologen und politische Wissenschaftler haben versucht, Erklärungsmodelle für die Variationen in der Wahl von Elitestrategien beim Aufbau nationaler Gemeinschaften zu entwickeln und sich bemüht, Thesen über die Folgen unterschiedlicher Allianzstrategien für die weitere Entwicklung des jeweiligen Systems abzuleiten.

In diesem Sinn können wir leicht zwei Arten von Makro-Vergleichen unterscheiden:

– *Vergleiche zwischen großen Nationen* über sehr *unterschied-*

[72] Eine erste Diskussion eines Schemas der Operationalisierung bei S. ROKKAN, »Models and Methods in the Comparative Study of Nation-Building«, *Acta Sociologica* 12 (2), 1969, pp. 53–73.

liche kulturelle Regionen hinweg.
- Vergleiche *aller Einheiten*, kleinere oder größere, innerhalb *einer* kulturellen Region.

Reinhard Bendix konzentriert seine Arbeit *Nation-Building and Citizenship* auf das Wachsen territorialer Systeme der öffentlichen Gewalt in vier unterschiedlichen nationalen Gemeinschaften: Deutschland und Rußland, Indien und Japan. Samuel Huntington sucht die »Fusion von Funktionen« und »die Aufteilung von Gewalten«, wie sie für die Vereinigten Staaten kennzeichnend sind, durch eine Analyse der andersartigen Entwicklungen in England und Frankreich zu bestimmen.[73] In beiden Beispielen werden die Erklärungsvariablen in den Prozessen der Interaktion, Allianz und des Konflikts zwischen den Eliten, die die Hauptressourcen sozialer, wirtschaftlicher und/oder kultureller Macht in der jeweiligen Bevölkerung kontrollieren, gesucht; die abhängigen Variablen kennzeichnen die daraus resultierenden Strukturen der Verwaltungsinstitutionen und politischen Institutionen. In einem anderen Satz von Vergleichen zwischen »Führungsnationen«, den die politischen Wissenschaftler Robert Holt und John Turner[74] durchführten, bieten diese verwaltungs-politischen Variablen ihrerseits eine Grundlage zur Erklärung von Gegensätzen bei der zeitlichen Bestimmung des Starts (take-off) zum wirtschaftlichen Wachstum: die frühen Industrienationen des jeweiligen kulturellen Kontextes, England und Japan, werden systematisch mit zwei späten Industrienationen, Frankreich und China, verglichen und ihnen gegenüber abgesetzt. So sollen Hypothesen über die Folgen der politischen Zentralisierung für die Einleitung und Ausbreitung wirtschaftlicher Neuerungen überprüft werden.

Dieses Thema – die Verschränkungen zwischen Prozessen des wirtschaftlichen Wachstums und Prozessen politisch-konstitutionellen Wandels – ist auch für Barrington Moores bahnbrechende Analyse der Bedingungen des Aufstiegs demokratischer Oppositionspolitik gegenüber den Bedingungen des Aufstiegs monolithischer Diktaturen in den führenden Staaten der

[73] S. HUNTINGTON, »Political Modernization: America vs. Europe«, *World Politics* 18 (3), 1966, pp. 378–414.
[74] R. HOLT und J. TURNER, *The Political Basis of Economic Development*, Princeton, Van Nostrand, 1966.

modernen Welt zentral.[75]

Moore unterscheidet drei »Wege in die Moderne«: den *demokratischen und kapitalistischen,* den *faschistischen* und den *kommunistischen.* Und er versucht, die Geschichte der Führungsnationen zu vergleichen, die diese Wege in Europa, Amerika und Asien gingen. Dazu vergleicht er die drei außerordentlich divergierenden Fälle kapitalistischer Demokratie im Westen: England, Frankreich und die Vereinigten Staaten von Amerika mit der einen Nation, die in Asien diesen Weg vielleicht noch gehen wird: Indien. Und er vergleicht zwei Nationen, die wenigstens für eine Periode ihrer Geschichte den faschistischen Weg zur Modernisierung wählten: Deutschland in Europa und Japan in Asien. Schließlich vergleicht er die beiden gigantischen Führer der kommunistischen Nationen: Rußland und China. Diese Vergleiche werden durch ein verbindendes Modell der Allianzen und Oppositionen zwischen vier Gruppen von Akteuren verknüpft: die zentrale Bürokratie, die Handels- und die Industriebourgeoisie, die großen Landbesitzer und die Bauernbevölkerung an der Basis. Die Logik dieser Analyse ist sehr einfach: wenn eine Allianz oder eine Opposition sich einmal durch eine Revolution oder durch einen langsameren Prozeß der Interaktion etabliert hat, neigt das ganze politische System dazu, eine endgültige Prägung anzunehmen, die die Optionen für zukünftige Entscheidungsträger begrenzt. Diese Betonung der Irreversibilität in der »Typisierung« (Prägung) von Nationalstaaten durch frühere Allianzen der Oppositionen hat signifikante Konsequenzen für vergleichende inter-nationale Forschung: wir werden dies weiter unten näher ausführen bei der Diskussion des Erklärungsmodells von Lipset und Rokkan über die Variationen zwischen Parteisystemen. Die große Stärke von Moores Analyse liegt in seiner Diskussion der Konsequenzen alternativer Allianzen oder Oppositionen unter den Kontrolleuren der verschiedenen Arten von Machtressourcen: die Allianz des ländlichen Adels mit der städtischen Bourgeosie *gegen* die Monarchie in England, *durch* die Monarchie in Frankreich, die Allianz der Kapitalisten des Nordens und der Farmer des Westens gegen die Plantagenbesitzer des Südens in den

[75] B. MOORE, *The Social Origins of Dictatorship and Democracy, op cit.*

Vereinigten Staaten, die Allianz der Grundbesitzer und der königlichen Verwaltungsbeamten in Preußen und in Japan, die Schwächen aller Allianzen zwischen wirtschaftlichen Machtinhabern und »agrarischen Bürokratien« in Rußland und China. Die Betonung liegt durchweg auf Strategien zur Erlangung maximaler Machtressourcen und zur Organisation von Gegenkräften (countervailing checks). Zumindest im Kern-Erklärungsmodell werden kulturelle Variable, die die Strategien und die Ergebnisse beeinflussen, nur sehr wenig beachtet: keine Diskussion der Rolle linguistischer Loyalitäten als Faktor in den Entscheidungen über Allianz oder Opposition, keine Erwähnung von Kirchen oder Sekten als möglichen Quellen der Mobilisierung von Gefolgschaft oder Protest. Das mag für ein eng begrenztes Erklärungsmodell, das nur diese acht Länder einschließt, gerechtfertigt sein, begrenzt die Reichweite der Analyse aber zu stark. Moore behauptet, daß sein Modell der Überprüfung über diese führenden Länder hinaus nicht bedarf: die entscheidenden politischen Neuerungen seien in diesen größeren Einheiten aufgetreten und jeder weitere Vergleich der Entwicklungen in den kleineren Ländern würde nur die Prozesse der Diffusion und Anpassung erklären helfen:

> »Die vorliegende Untersuchung konzentriert sich auf bestimmte wichtige Stadien eines langdauernden sozialen Prozesses, der sich in mehreren Ländern abgespielt hat. Als Teil dieses Prozesses entstanden durch Gewalt und auf andere Weise neue soziale Arrangements, die zu verschiedenen Zeitpunkten im Lauf der ersten Hälfte des zwanzigsten Jahrhunderts bestimmten Ländern eine politische Führungsrolle verschafften. Unser Interesse konzentriert sich auf Neuerungen, die zu politischer Macht führten, nicht auf Ausbreitung und Rezeption von Institutionen, die anderswo geschaffen wurden, außer in den Fällen wo daraus eine in der Weltpolitik ins Gewicht fallende Macht entstand. Die Tatsache, daß die kleineren Länder wirtschaftlich und politisch von Großmächten abhängig sind, bedeutet, daß die entscheidenden Ursachen ihrer Politik außerhalb ihrer Grenzen liegen. Sie bedeutet ferner, daß ihre politischen Probleme mit denen der größeren Länder nicht wirklich vergleichbar sind. Deshalb wäre eine allgemeine Aussage über die historischen Vorbedingungen

der Demokratie oder autoritäter Systeme, die neben den großen auch die kleinen Länder mit umfaßte, höchstwahrscheinlich so allgemein, daß sie nur noch aus abstrakten Platitüden bestehen könnte.«[76]

Diese Argumente für die Konzentration analytischer Bemühungen auf die führenden Nationen, auf Systeme, die »in der Weltpolitik signifikante Macht« ausüben, wirft faszinierende Probleme der Forschungsstrategie auf. Zunächst: welche intellektuellen Gründe gibt es, die Bemühungen von Komparatisten auf die Analyse von Konflikt und Innovation in den Hauptzentren der Macht zu beschränken? Es spricht vieles für die konzertierte Erforschung von Prozessen der Diffusion und Rezeption: schließlich sind die meisten Einheiten, die dem vergleichenden Studium offenstehen, »Nachfolgernationen« und keine Führer. Zweitens kann politische Innovation sicher nicht allein als Funktion von Größe behandelt werden. Zwei kleine Gemeinwesen, Griechenland und Israel, haben die größten Neuerungen der antiken Welt hervorgebracht. In der modernen Welt haben kleine Gemeinwesen wie Island, die Schweiz, die Niederlande und Schweden institutionelle Neuerungen auf die Beine gebracht ohne direkte Entsprechung in den größeren Führungseinheiten. Talcott Parsons ist in seiner theoretischen Stellungnahme zu Differenzierungen zwischen den modernen Gesellschaften so weit gegangen, zu behaupten, daß Innovationen eher an den Peripherien der Haupt-Machtzentren auftauchen: Die italienischen Stadtstaaten, die holländischen Provinzen, und die englische Monarchie des siebzehnten und achtzehnten Jahrhunderts boten »Freiräume, in denen neue Entwicklungen reifen konnten, ehe sie sich den härteren Proben der weiteren Institutionalisierung stellen mußten.«[77]

Wie immer man diese Argumentation bewertet, die kleineren Nationen stellen lohnende Objekte vergleichender Untersuchung dar: sie haben in einer Welt überlebt, die von größeren und stärkeren Einheiten beherrscht wird; sie haben ihre eigenen besonderen Institutionen entwickelt; sie sind zahlreich genug, um detaillierte Studien von Variationen entlang unterschiedli-

[76] B. MOORE, *op. cit.*, pp. XII–XIII; dt. Ausgabe p. 11
[77] T. PARSONS. *The System of Modern Societies, op. cit.*

chen Dimensionen möglich zu machen. Ob es sich als fruchtbar erweisen wird, die für die größeren Nationen und Weltmächte entwickelten Modelle auf diese kleineren Einheiten anzuwenden, bleibt zweifelhaft; selbst wenn wir »Mikrostaaten« außer acht lassen, wie sie vom »Institute for Training and Research« der Vereinten Nationen (UNITAR) gerade untersucht werden.[78] In unserer vergleichenden Analyse der Entwicklung von Parteiensystemen haben Seymour Martin Lipset und ich[79] sechzehn europäische Systeme, elf kleinere und fünf größere, in dasselbe Kern-Erklärungsmodell eingepaßt. Das muß allerdings für andere abhängige Variable nicht unbedingt erfolgreich sein.

Wir haben uns in der Tat davon überzeugen lassen, daß vieles für Moores Ablehnung von Vergleichen zwischen kleinen Gemeinwesen spricht, *wenn sie quer über die hauptsächlichen kulturellen Regionen der Welt reichen:* »Führungsnationen« können sinnvoll verglichen werden, unabhängig von dem größeren kulturellen Kontext, aber kleinere Einheiten neigen dazu, so sehr von ihren Umgebungen abzuhängen, daß es ergiebiger scheint, sie Region für Region zu vergleichen und nicht wahllos quer über Kontinente. Dies gilt sicher für Vergleiche politischer und religiöser Institutionen, Organisationen und Verhaltensformen, aber es scheint auch für andere Elemente der Sozialstruktur zu gelten: für ökologische Strukturen, soziale und wirtschaftliche Schichtung, Institutionen und Leistungen des Erziehungswesens. Unsere Vergleiche der Prozesse der Demokratisierung und der politischen Entwicklung der Parteien in Westeuropa legen es nahe, daß kleinere Einheiten eher als größere entlang kulturellen Dimensionen strukturiert sind: sprachlich-ethnische Grenzen zerschneiden Belgien, die Schweiz und Finnland und haben die Innenpolitik von Irland, Dänemark und Norwegen tiefgehend beeinflußt; Konflikte über die religiöse

[78] UNITAR, *The Status and Problems of Very Small States and Territories,* New York, UNITAR, 1967, vervielfältigtes Manuskript.

[79] S. M. LIPSET und S. ROKKAN, »Cleavage Structures, Party Systems and Voter Alignments: An Introduction«, in: *Party System and Voter Alignments, op. cit.* Eine ausführlichere Schilderung in S. ROKKAN, »The Structuring of Mass Politics in the Smaller European Democracies«, *Comparative Studies in Society and History* 10 (2), 1968, pp. 173–210, und *Citizens, Elections, Parties,* New York, D. McKay, 1970.

Identität haben in den Niederlanden, der Schweiz und Österreich erkennbaren institutionellen Ausdruck gefunden. Gleiche Trennungslinien kann man natürlich auch durch die größeren Länder ziehen, aber sie haben den Aufbau von Institutionen und Organisationen in der nationalen Gemeinschaft nicht so stark beeinflußt. Eine der Hypothesen, die wir in unserer laufenden Untersuchung der Kleineren Europäischen Demokratien[80] zu erhärten hoffen, ist, daß die größeren Nationen größere Ressourcen zur Verfügung hatten, um sich mit den Kräften kultureller Spaltung auseinanderzusetzen: Das Gewicht der zentralisierenden Mechanismen zur Standardisierung war im allgemeinen größer, und die Bereitschaft, eine kulturelle Eigenart anzunehmen und zu institutionalisieren war weniger deutlich als in den kleineren Einheiten.

Das spricht sehr dafür, Vergleiche der inneren Strukturen kleinerer Einheiten auf Bündel nationaler Gemeinschaften zu beschränken, die aus denselben historischen Erfahrungen von kulturellem Konflikt und kultureller Integration gewachsen sind: der Gemeinwesen, die aus dem weströmischen Reich entstanden sind und aus den Auseinandersetzungen zwischen weltlichen Herrschern mit der römisch-katholischen Kirche, der Gemeinwesen, die aus dem oströmischen Reich und der orthodoxen Kirche entstanden, der Gemeinwesen der islamischen Welt, der Gemeinwesen, die aus der Aufteilung der spanischen und portugiesischen Reiche in Amerika hervorgingen, und so weiter. Das wäre gleichbedeutend damit, Galtons Standpunkt in seiner Kritik an Tylor zu akzeptieren: die kleineren Einheiten sollten in die statistischen Tabellen nicht wahllos aufgenommen werden, sondern nach Regionen kultureller Gemeinsamkeit gruppiert werden. Die dritte Strategie also, die am Anfang dieses

[80] Zu diesem Projekt vgl. V. R. LORWIN, »Historians and Other Social Scientists: The Comparative Analysis of Nation-Building in Western Societies«, in: S. ROKKAN (ed.), *Comparative Research across Cultures and Nations, op. cit.* Das Projekt der »Kleineren Europäischen Demokratien« (SED) umfaßt fünf nordische Länder, die drei Benelux-Länder, Irland, die Schweiz und Österreich. Die meisten durchgeführten Analysen vergleichen diese Länder untereinander, aber manchmal vergleichen sie auch die »kleineren« (von denen zwei »Mikrostaaten« sind, Island und Luxemburg, und zwei – nach europäischem Standard – mittlerer Größe, Belgien und die Niederlande) mit den vier größeren Demokratien Großbritannien, Frankreich, Deutschland und Italien und manchmal selbst mit dem »vielköpfigen« Spanien.

Abschnitts herausgearbeitet wurde: vergleichende Analyse der Dimensionen der Variation unter Gemeinwesen innerhalb einer kulturell-historisch homogenen Region. Wir wollen unseren Überblick über Richtungen des Makrovergleichs beschließen mit einem kurzen Bericht über einen solchen Versuch der Analyse innerhalb einer Region.

Das Lipset-Rokkan Modell von Variationen in Parteisystemen[81] ist scharf auf die Gruppe von Gemeinwesen begrenzt, die aus den kulturellen Auseinandersetzungen der Renaissance und Reformation entstanden und ihre strukturellen Merkmale unter dem gemeinsamen Einfluß der Demokratischen Revolution in Frankreich und der Industriellen Revolution in England ausbildeten. Auch die diesem Modell gestellte Aufgabe ist eng begrenzt. Es soll mit maximaler Sparsamkeit die Variablen spezifizieren, die man braucht, um beobachtete Variationen in Parteiensystemen mit allgemeinem Wahlrecht unter den Ländern, die eingangs abgegrenzt wurden, zu erklären.

Es ist *nicht* sein Ziel, das Entstehen des einen oder anderen nationalen Parteiensystems zu erklären. Vielmehr soll es die entscheidenden Dimensionen der inter-staatlichen (cross-polity) Variation identifizieren, die die Existenz oder Nicht-Existenz unterschiedlicher parteipolitischer Alternativen bei den Wahlen nach Einführung des allgemeinen und gleichen Wahlrechts erklären.

Drei Schritte werden dazu getan:

- zuerst wird ein Satz grundsätzlicher Dimensionen der Nationenbildung identifiziert und die korrespondierenden Sequenzen der Entscheidungen der Elite werden explizit gemacht;
- als zweites wird ein Satz von Thesen aufgestellt, der die Folgen der Entscheidungen am jeweiligen Entscheidungspunkt für die Bildung dauernder Parteifronten in Wahlen bestimmt;
- und als drittes werden diese Thesen an den historisch gegebenen Parteialternativen überprüft, und jeder abweichende Fall wird in seinen Einzelheiten diskutiert.

Das Modell postuliert vier »Anfangsbedingungen« der Nationenbildung und vier korrespondierende »kritische Entscheidungspunkte« für die nationalen Eliten:

[81] S. M. LIPSET und S. ROKKAN, *op. cit.*

Kulturelle Dimensionen:	*Korrespondierende Entscheidungspunkte:*
I. Zentrum – Peripherie	Eine standardisierte nationale Sprache oder mehrere?
II. Staat – Kirche	Etablierung einer nationalen Kirche gegenüber: der Allianz mit einer supranationalen Kirche gegenüber: der Etablierung konkurrierender säkularer Organisationen
Wirtschaftliche Dimensionen:	
III. Stadt – Land	Schutz von städtischen gegenüber ländlichen Produkten vor ausländischem Wettbewerb: die Zollfrage
IV. Eigentümer – Arbeiter	Schutz der Eigentumsrechte gegenüber der Angleichung der wirtschaftlichen Bedingungen durch gewerkschaftliche und/oder staatliche Aktion.

Diese Aufreihung von Dimensionen und Entscheidungen könnte natürlich für Untersuchungen *jedes* Nationalstaates benutzt werden, sei er europäisch, amerikanisch, asiatisch oder afrikanisch, doch das reicht noch nicht aus, um theoretisch ergiebige Vergleiche zu sichern. Genau wie beim Paradigma von Almond und Pye müssen die eingangs postulierten Dimensionen der Variabilität untereinander und mit einem explizit gemachten Satz von abhängigen Variablen in einer Reihe potentiell überprüfbarer Thesen verknüpft werden. Bis jetzt haben wir einen Satz von Thesen für einen Satz abhängiger Variabler für sechzehn Länder Westeuropas formulieren können. Andere Wissenschaftler arbeiten an ähnlichen Versuchen; sie erstellen ein Modell für Lateinamerika. Aber diese Arbeit ist noch nicht weit genug fortgeschritten, um endgültige Ergebnisse zu erbringen.[82] Das ist nicht überraschend, weil die Reichweite der abhängigen Variablen des Modells viel größer ist und die Variablen selbst nicht so leicht operationalisierbar sind.

Diese Versuche zur Kodifizierung und empirischen Überprüfung versprechen nicht nur weitere Fortschritte beim vergleichenden Studium der Prozesse der Nationenbildung, sie werden mit Sicherheit die weitere Arbeit mit Daten auf der Mikroebene jeden politischen Systems beeinflussen. So wurden wir tatsächlich direkt motiviert, unser Erklärungsmodell der europäischen Parteiensysteme zu entwickeln, durch die Schwierigkeiten, die sich Versuchen in den Weg stellten, die inter-nationalen Daten von Massenreaktionen auf die Politik in den verschiedenen Ländern des Westens zu interpretieren. Seymour Martin Lipset und sein Kollege Juan Linz haben Mitte der fünfziger Jahre einen wichtigen Versuch unternommen, Daten aus vielen Ländern zusammenzustellen, Daten über die politischen Präferenzen einer Vielzahl von Berufen und Ständen. Wegen der Variationen in den politischen Alternativen, die den Wählern in den verschiedenen Ländern angeboten werden, haben sie es außerordentlich schwierig gefunden, die Information auf dieser Ebene zu vergleichen.[83] Das Modell von Lipset und Rokkan stellte eine Antwort auf die Herausforderung dieses früheren Versuches dar: es diente dazu, die Dimensionen der abhängigen Variablen in vergleichenden Untersuchungen des Wählerverhaltens zu spezifizieren und ermöglichte, Länder nach dem Ausmaß der Gleichheit der Alternativen zu gruppieren und Parteien nach dem Grad ihrer nationalen Besonderheit zu ordnen. Dieses Vorgehen ist deshalb so anregend, weil es eine neue Sicht der Interaktion von Mikro- und Makro-Variationen in politischen Systemen eröffnet hat. Durch die rigorose Konzentration auf die Makro-Ebene hat der Band *Party Systems* tatsächlich dazu beigetragen, eine Umorientierung in den Vergleichsstrategien her-

[82] O. CORNBLIT *et al.*, »A Model for Political Change in Latin America«, *Social Science Information* 7 (2), 1968, pp. 13–48.

[83] S. M. LIPSET und J. J. LINZ, *The Social Bases of Political Diversity*, Stanford Center for Advanced Study, 1956, vervielfältigtes Manuskript. Nur ein kleiner Teil der in dieser Sammlung versammelten Information wurde später von LIPSET in *Political Man, op. cit.* verwendet.

beizuführen. Statt so zu verfahren, als ob die sozio-kulturellen Unterschiede politisches Verhalten durch irgendeinen direkten Übersetzungsprozeß bestimmten, werden jetzt die Parteien als Organe zur Massenmobilisierung und die sozio-kulturellen Unterteilungen innerhalb der Wählerschaft als ebenso viele Öffnungen für oder Barrieren gegen Versuche zur Mobilisierung gesehen. In diesem Modell würde die Null-Hypothese lauten, daß jede Partei in allen Unterteilungen der Wählerschaft gleich erfolgreich ist: die Struktur der Abweichungen von diesen durchschnittlichen Mobilisierungserfolgen würde dann das vorliegende Parteiensystem definieren. Dies schließt eine fundamentale Änderung in der Richtung der Analyse ein. Statt zu versuchen, immer mehr multi-variate Regelmäßigkeiten zur Bestimmung von Mikro-Verhalten aufzustellen, beginnen wir direkt bei den Parteien und benutzen die Mikro-Daten, um die Makro-Alternativen in jedem System zu charakterisieren. Diese Strategie wurde in einigem Detail auf einer erst kürzlich durch das Committee on Political Sociology der International Sociological Association veranstalteten Konferenz erläutert. Richard Rose und Derek Urwin legten einen Plan vor, nach dem Daten aus Stichprobenerhebungen und -umfragen aus 12 bis 15 Ländern in einer vergleichenden Analyse der Kohäsion oder Gespaltenheit von Parteiwählerschaften benutzt werden sollten:[84] sie wollten Mikro-Daten nicht dazu benutzen, Thesen auf der Ebene der Einzelwähler zu überprüfen, sondern dazu, Typologien von Makro-Alternativen aufzustellen und damit einen Schritt hin zur Formulierung und Überprüfung von Hypothesen einer höheren Ordnung zu tun.

Solch Hinundhergehen zwischen verschiedenen Ebenen der vergleichenden Analyse wird wahrscheinlich in den meisten Bereichen sozialwissenschaftlicher Forschung üblich werden. Es ist sicher kein Zufall, daß die Beispiele solcher Verfahren, wie sie bisher aufgeführt wurden, aus der vergleichenden Politikwissenschaft stammten. Jeder, der sich mit Nationen als Einheiten

[84] R. ROSE und D. URWIN, »The Cohesion of Political Parties: A Comparative Analysis«, Manuskript, International Voting Conference, Loch Lomond, Juli 1968, später publiziert als »Social Cohesion, Political Parties and Strains in Regimes«, *Comparative Political Studies* 2 (1), April 1969, pp. 7–67.

der Analyse beschäftigt, muß notwendig die Dimensionen des Fällens politischer Entscheidungen berücksichtigen – nicht nur weil Nationen Gebiete homogener Praktiken der Datensammlung und der Datenbewertung begrenzen, sondern auch weil so vieles, was in einer Nation passiert und registriert wird, die Konflikte und Kompromisse zwischen den politischen Eliten und innerhalb der Bevölkerungen, die sie mobilisieren konnten, widerspiegelt. In diesem Sinn konfrontieren alle inter-nationalen Vergleiche den Sozialwissenschaftler mit Aufgaben politischer Analyse: kein Corpus sozialwissenschaftlicher Daten – selbst wenn es sich um rein demographische oder linguistische Daten handelt – kann verglichen werden, ohne daß der politische Kontext, in dem die Daten hervorgebracht wurden, berücksichtigt wird.

IV Die organisatorische Infrastruktur

Wir haben einen Überblick über eine Vielzahl inter-kultureller und inter-nationaler Studien gegeben und versucht, die Hauptunterschiede im methodologischen Ansatz und der theoretischen Ausrichtung zu erklären. Fragen der Forschungsorganisation haben wir nur beiläufig berührt. In diesem Schlußabschnitt wollen wir uns bemühen, mit einiger Genauigkeit darzulegen, was über die organisatorische Basis zur Internationalisierung der Sozialwissenschaften bekannt ist und unsere besondere Aufmerksamkeit den Funktionen der UNESCO und ihren angeschlossenen Organisationen bei der Förderung vergleichender sozialwissenschaftlicher Forschung widmen.

Die heutige Generation der Sozialwissenschaftler steht, zumindest in den westlichen Ländern, im Kreuzfeuer zweier widerstreitender Sätze von Ansprüchen: einerseits haben sie sich verpflichtet gefühlt, ihre Bemühungen auf die Datensammlung und Datenanalyse in den vielen vernachlässigten Forschungsgebieten innerhalb ihrer eigenen Nation zu konzentrieren; andererseits haben sie sich immer stärker von der methodologischen Daseinsberechtigung und Notwendigkeit und den theoretischen Vorteilen der inter-Gemeinde (cross-community), internationalen (cross-national) und inter-kulturellen (cross-cultural) Forschung überzeugt. Die Marktbedingungen für Entscheidungen in die eine oder andere Richtung unterscheiden sich außerordentlich von Region zu Region. In den Vereinigten Staaten sind die Ressourcen der Stiftungen und des Personals groß genug gewesen, um einer kleinen aber wachsenden Phalanx von Komparatisten zu ermöglichen, ihre Arbeit auf inter-nationale und inter-kulturelle Untersuchungen zu konzentrieren. In Lateinamerika sind die nationalen Ressourcen mager gewesen, und die entscheidenden Anstöße, reguläre Forschungseinrichtungen aufzubauen, sind häufig aus Übersee durch die Organisation von inter-nationalen Studien gekommen.[85] In Europa sind die Fonds für sozialwissenschaftliche Forschung ständig gewachsen, dabei ist aber eine deutliche Konzentration auf aus-

[85] Für Details vgl. den Bericht von G. GERMANI auf der ISSC Konferenz in Buenos Aires, 1964, *Social Science Information* 4 (2), 1965, pp. 150–172.

gesprochen nationale Aufgaben erkennbar. Europa bietet eine beachtliche Bandbreite an Möglichkeiten für detaillierte internationale Forschung: eine Fülle von Daten kann noch angezapft werden, es gibt viele nationale Experten, die man als Ratgeber heranziehen kann, unter den Politikern wächst das Interesse an Untersuchungen quer über die nationalen und regionalen Einheiten hinweg.[86]

Erstaunlich wenig ist bisher getan worden, um diese Möglichkeiten auszuschöpfen. Und es ist bemerkenswert, daß einige der ersten Initiativen von amerikanischen Wissenschaftlern kamen und durch amerikanische Fonds gestützt wurden. Bisher gibt es nur wenige und weit verstreute in Europa angeregte und durch europäische Stellen finanzierte Untersuchungen. Ein frühes Beispiel gemeinsamer europäischer Forschung waren die zwei Sätze paralleler Gruppenexperimente mit Stichprobenerhebungen und -umfragen, die 1953 unter der Schirmherrschaft der in Oslo beheimateten Organization for Comparative Social Research[87] durchgeführt wurden. Das vielleicht gelungenste Beispiel einer gemeinsam finanzierten und gemeinsam geplanten internationalen Untersuchung war die Erhebung in zwölf Ländern über Leistungen in der Mathematik[88], die durch das UNESCO-Institut für Pädagogik in Hamburg geplant wurde und vom Office of Education der Vereinigten Staaten (für die internationalen Kosten des Projekts) und von nationalen Finanzierungsstellen in den zwölf Ländern (für die Feldforschung) finanziert wurde. Dieses Projekt bildet ein Modell internationaler akademischer Kooperation und zeigt, daß es möglich ist, gesicherte Ergebnisse durch die Aufteilung der Verantwortung unter viele nationale Teams zu erhalten. Es illustriert außerdem, wie die UNESCO und andere internationale Körperschaften eine wichtige Maklerfunktion ausfüllen können, indem sie amerikanische und europäische Initiativen verbinden.

Die von der International Sociological Association eingesetzten Forschungsausschüsse haben den Grund für eine ähnliche

[86] Vgl. den neuerlichen OECD-Bericht *The Social Sciences and the Policies of Governments,* Paris, OECD, 1966, besonders pp. 79–80.

[87] H. DUIJKER und S. ROKKAN, *op. cit.;* s. auch die Sondernummer des *International Social Science Bulletin* 7 (1), 1956; vgl. S. ROKKAN *et al., Comparative Survey Analysis, op. cit.*

[88] T. HUSÉN, *op. cit.*

Verbindung von Initiativen vorbereitet. Aber noch kann man die Pläne zur konzertierten Aktion an einer Hand abzählen. Der Ausschuß für soziale Schichtung und soziale Mobilität hat den Weg für die Organisation einer Reihe inter-nationaler Replikationen bereitet und ein fruchtbares Forum für methodische und inhaltliche Diskussionen geboten. Das laufende Drei-Länder-Projekt »Metropolit« ist ein direktes Ergebnis der Diskussionen in diesem Ausschuß.[89] Europa ist einfach reif für eine Vielzahl inter-nationaler Initiativen. Was bisher gefehlt hat, ist der organisatorische Kern, die konkrete institutionelle Basis für gemeinsames Handeln. Alexander Szalais spektakulärer Erfolg, Forscher in einem dutzend Länder dazu anzuregen, an der inter-nationalen Zeitbudget-Studie mitzuarbeiten, muß vor diesem Hintergrund gesehen werden.[90] Die Entscheidung der UNESCO, ein »Europäisches Koordinations-Zentrum für Forschung und Dokumentation in den Sozialwissenschaften« in Wien aufzubauen, kam genau zum richtigen Zeitpunkt: Die Kommunikationen zwischen Soziologen aus Ost und West hatten einen Punkt erreicht, an dem die Kooperation an konkreten Aufgaben der empirischen Forschung möglich war; die regionalen Organisationen des Westens konzentrierten ihre Bemühungen auf rein ökonomische Studien und konnten für die inter-nationale Forschung auf zentralen Gebieten der Soziologie nicht einmal ein Minimum an Infrastruktur bieten.

Die Erfolge des Wiener Zentrums und des UNESCO-Instituts für Pädagogik in Hamburg enthalten wichtige Lehren für die Zukunft. Inter-nationale Forschung braucht einen institutionellen Rahmen, eine organisatorische Basis. Große Pläne und wichtige wegbereitende Studien können zwar in zufälligen Begegnungen zwischen Enthusiasten geboren werden, aber eine kumulative Tradition inter-nationaler Forschung kann sich nur in einem klar geformten organisatorischen Rahmen entwickeln.

Demographen, Wirtschaftswissenschaftler und in gewissem

[89] C. G. JANSON, »Project Metropolitan«, *Acta Sociologica* 9 (1–2), 1965, pp. 110–115.

[90] A. SZALAI, »Trends in Comparative Time-Budget Research«, *American Behavioral Scientist* 9 (9), Mai 1966, pp. 3–8; »The Multinational Comparative Time Budget Research Project«, *American Behavioral Scientist* 10 (4), Dez. 1966, pp. 1–31.

Maß die Erziehungswissenschaftler haben umfassende internationale Berufsorganisationen im Rahmen der breitangelegten zwischenstaatlichen Organisationen aufbauen können: Die Vereinten Nationen, die Regionalen Wirtschaftskommissionen, die Weltbank, die OECD, die EWG und die Abteilung für Erziehung bei der UNESCO bieten alle ständige Möglichkeiten, Erfahrungen in der Handhabung und Auswertung der Datenmassen aus einem weiten Spektrum von Ländern zu sammeln, und sie helfen dabei, genuine inter-nationale Expertise zu fördern.

Es gibt keine so feste Grundlage für inter-nationale Bemühungen in den anderen Sozialwissenschaften: in der Anthropologie, Soziologie und der Politischen Wissenschaft. Einige Bewegung gibt es auf den Gebieten, die der Demographie, Wirtschaftswissenschaft und Erziehungswissenschaft am nächsten sind. So ist es etwa interessant festzustellen, daß die beiden Forschungskomitees der International Sociological Association [ISA], die der Entwicklung eines kumulativen Programms inter-nationaler Studien am nächsten gekommen sind, sich auf Familie und Mobilität konzentriert haben, daß beide vor allem mit Variablen gearbeitet haben, die den Anliegen der Demographie naheliegen und daß beide in hohem Maß auf Daten aus Aufzählungen und aus Erhebungen, die dem Zensusmodell nahestanden, aufbauten. Es ist gleich bedeutsam, daß die ISA bisher kein aktives Forschungskomitee für Erziehungssoziologie einrichten konnte. Eine Basis für kooperative Arbeit an Erziehungsstatistiken in der UNESCO und der OECD besteht schon, und so ist nicht mehr das gleiche Bedürfnis nach einer Institutionalisierung der persönlichen Kommunikationsnetze vorhanden.

Auf anderen Gebieten der Soziologie hat es sich als sehr viel schwieriger erwiesen, kontinuierliche Programme zu entwickeln: dort haben keine institutionellen Rahmen für langfristige Verpflichtungen zu inter-nationalen Untersuchungen bestanden und – was noch gravierender war – man hat kaum etwas getan, um die Datenproduktion über zwei oder mehr Nationen zu evaluieren oder zu standardisieren.

Was kann man tun, um die Fundamente zur Internationalisierung dieser unterprivilegierten Gebiete in der Soziologie und den anderen Sozialwissenschaften zu stärken?

Die Abteilung für Sozialwissenschaften der UNESCO hat bei ihren Bemühungen, eine ausdrücklich internationale Orientierung innerhalb dieser Disziplinen zu fördern, mehrere Strategien erkundet.

In ihren ersten Versuchen in dieser Richtung hat die UNESCO ihre Aufmerksamkeit auf wenige wesentliche Gebiete von direktem Interesse innerhalb ihrer Gesamtprogramme konzentriert: Untersuchungen der Ursprünge von Spannungen zwischen Nationen und Rassen, Untersuchungen von Stereotypen und Vorurteilen, und von Meinungen zu internationalen Themen. Das Hauptprodukt dieser frühen Bemühungen vergleichender Forschung war die Stichprobenerhebung und -umfrage von Hadley Cantril in neun Ländern 1949; die Studie, die in dem Band *How Nations See Each Other* wiedergegeben wird.

Diese frühen Bemühungen haben kein langfristiges Programm hervorgebracht. Die breitangelegte Umfrageforschung über eine Reihe von Ländern erforderte einen komplizierten Verwaltungsapparat und die Studien selbst wurden wegen ihrer Tendenz zu abstrakten Vergleichen, ohne die jeweiligen historischen Kontexte und strukturellen Bedingungen der speziellen Antwortkonstellationen zu berücksichtigen, kritisiert. Mitte der fünfziger Jahre wurde die Sozialwissenschaftliche Abteilung der UNESCO immer stärker in die Förderung von Ausbildung und Forschung in den Entwicklungsländern hineingezogen. Es wurde zunehmend schwieriger für sie, ausgesprochen vergleichende Studien zu verfolgen.

1956 wurde ein Versuch gemacht, ein Programm vergleichender Erhebungen zu starten, aber es war schwer in Gang zu bringen. Eine kleine Vier-Länder-Studie wurde wirklich organisiert, aber man erkannte sehr bald, daß das ein falscher Kurs war.[91] In gewissem Sinn sind die laufenden Versuche, internationale Forschung voranzubringen, aus der Erkenntnis dieses Scheiterns gewachsen. Es wurde immer offensichtlicher, daß die

[91] Vgl. S. ROKKAN, »Sample Surveys of Common Ideas about Foreign Countries«, *International Social Science Bulletin* 9 (1), 1957, pp. 121–128; E. REIGROTZKI und N. ANDERSON, »National Stereotypes and Foreign Contacts«, *Public Opinion Quarterly*, Winter 1959, pp. 515–528; und M. BROUWER, »International Contacts and Integration-Mindedness: A Secondary Analysis of a Study in Western Europe«, *Polls*, Sommer 1965, pp. 1–11.

UNESCO ihre begrenzten Mittel sehr viel effektiver ausnutzen konnte, wenn sie, statt neue vergleichende Studien vom Nullpunkt ab zu organisieren, ihre Bemühungen auf das, was man die *Infrastruktur* vergleichender Forschung nennen könnte, konzentriert: wenn sie es als langfristige Aufgabe übernahm, bessere Einrichtungen für Forscher, die an inter-kultureller oder inter-nationaler Analyse des einen oder anderen Typs interessiert waren, einzurichten. Dies bedeutete zumindest in der Anfangsphase die Konzentration auf Methoden, auf Quellen der Information und auf Zugang zu Daten zum Analysieren. Diese neue Richtung fand ihren ersten Niederschlag im UNESCO-Programm von 1961–62. Alle Wissenschaftler, die an Fortschritten in der vergleichenden Forschung interessiert sind, haben guten Grund T. H. Marshall, dem verstorbenen André Bertrand und Samy Friedman für ihre Bemühungen dankbar zu sein, diesen neuen Beginn im Rahmen der UNESCO auch verwaltungsmäßig akzeptabel zu machen.

Dem International Social Science Council wurde bei der Entwicklung und Ausführung des neuen Programms eine zentrale Rolle übertragen. Der Council entschied, die erste Reihe von Konferenzen in diesem Programm hauptsächlich quantitativen Methoden des Vergleichs zu widmen. Die in La Napoule an der Côte d'Azur im Juni 1962 abgehaltene Konferenz, entwickelte Ideen zur vergleichenden Umfrageforschung[92]; die Konferenz an der Yale Universität im September 1963 konzentrierte sich auf aggregative nationale Statistiken und die Möglichkeiten der Korrelationsanalyse unter Benutzung von Nationen als Einheiten.[93]

Beide Richtungen sind auf folgenden Konferenzen und in folgenden Publikationen weiter verfolgt worden. Die Arbeit auf dem Gebiet der vergleichenden Erhebung von Daten hat sich auf Probleme des Datenzugangs, der Datenarchive, der Lokali-

[92] Ein erster kurzer Bericht über diese Konferenz wurde in *Social Science Information* 1 (3), 1962, pp. 32–38 gedruckt. Ein längerer Bericht und eine Auswahl der Vorträge erschien in dem Spezialheft über »Data in Comparative Research«, *International Social Science Journal* 16 (1), 1964, pp. 2–97.

[93] Die Konferenzvorträge sind veröffentlicht in R. MERRITT und S. ROKKAN (eds.), *Comparing Nations, op. cit.*

sierung und des Abrufs von Daten konzentriert.[94] Die Arbeit an aggregativen Vergleichen ist in zwei Richtungen weiter vorangetrieben worden. Die Yale Konferenz hat empfohlen, den von Russett und anderen im *World Handbook of Political and Social Indicators* entwickelten Ansatz, im Detail in jeder wichtigeren Region der Welt weiter zu diskutieren, um zu sichern, daß die verfügbaren Daten besser erfaßt, besser evaluiert und realistischer analysiert würden. Eine erste regionale Konferenz in diesem Programm wurde im September 1964[95] in Buenos Aires organisiert, eine zweite im März 1967 in Neu Delhi. Die Konferenz an der Yale Universität empfahl außerdem, daß Datenprogramme des Typs wie sie von Deutsch und Russett entwickelt worden sind, ergänzt werden sollten durch inner-nationale ökologische Archive, um Untersuchungen der Ursachen von Variationen zwischen unterschiedlichen Arten von Lokalitäten und zwischen entwickelten und rückständigen Gebieten jeden Landes zu ermöglichen.[96] Eine erste Diskussion über die Entwicklung solcher ökologischer Archive fand auf der Zweiten Konferenz über Datenarchive im September 1964 statt[97] und eine technische Konferenz über quantitative ökologische Analysen folgte in Evian im September 1966.[98]

Der International Social Science Council [ISSC] hat sich seit einiger Zeit bemüht, über die Erkundung strikter quantitativer Methoden hinauszugehen und andere Ansätze zu systematischen Vergleichen zwischen kulturellen und politischen Einheiten aufzugreifen. Auf einer internationalen Konferenz in Paris 1965 wurde ein Versuch gemacht, eine Strategie für vergleichende

[94] Ein Bericht über die erste »Conference on Social Science Data Archives« (Köln, Juni 1963) wurde abgedruckt in *Social Science Information* 2 (4), 1963, pp. 109–114. Die Vorträge der zweiten Konferenz (Paris, Sept. 1964) sind publiziert in S. ROKKAN (ed.), *Data Archives for the Social Sciences,* Paris, Mouton, 1966. Ein Bericht über weitere Entwicklungen bei R. BISCO, »Social Science Data Archives: Progress and Prospects«, *Social Science Information* 6 (1), 1967, pp. 39–74.

[95] Vgl. die Berichte in *Social Science Information* 4 (2), 1965, pp. 156–172 und in *Revista Latino-americana de Sociología* 1, 1965, pp. 39–151.

[96] Vgl. den Bericht in *Social Science Information* 2 (4), 1963, pp. 98–103 und die Kapitel von E. ALLARDT, S. ROKKAN und H. VALEN in: *Comparing Nations, op. cit.*

[97] Vgl. die Einleitung zu S. ROKKAN (ed.). *Data Archives for the Social Sciences, op. cit.*

[98] Vgl. den Band von M. DOGAN und S. ROKKAN (eds.), *Quantitative Ecological Analysis in the Social Sciences,* Cambridge, MIT Press, 1969.

Forschung auf drei weiteren Gebieten zu markieren.[99]

Das erste Thema, das man behandelte, war die *Inter-Kulturelle Methode* (Cross-Cultural Method): die qualitative Alternative zu den Aggregat-Vergleichen wie sie Karl Deutsch und sein Team zu ihrer Sache gemacht haben. Bruce Russett und seine Mitarbeiter haben als Einheiten ihrer Analyse die politisch und territorial definierten Entitäten, die man *Nationen* nennt, gewählt und die verfügbaren quantitativen Daten für deren Eigenschaften gesammelt. George Peter Murdock und seine Mitarbeiter haben als Einheiten einer Auswahl kulturell definierte *Gesellschaften* gewählt und ein System qualitativer Codes entwickelt, um jede solche Einheit zu kennzeichnen. Robert Textor ist noch weiter gegangen und hat versucht auf der Basis solcher Kodierungen, eine Computer-produzierte *Inter-kulturelle Zusammenfassung* (Cross-cultural summary) für eine Auswahl aus 400 Kulturen zu organisieren. Dieser große Versuch der Datenverarbeitung, der zur Zeit immer noch erst in der Form direkter »Print-outs« existiert, bildete die Grundlage der Diskussion des ersten Themas der Konferenz.

Das zweite und dritte Konferenzthema hingen eng zusammen: Die Diskussion der *Vergleichenden Analyse historischen Wandels* konzentrierte sich auf die Bildung von Nationalstaaten in Europa und im Westen und die Diskussion der *Vergleichenden Analyse der Prozesse der Modernisierung* konzentrierte sich auf Möglichkeiten und Grenzen generalisierender Entwicklungsmodelle beim Studium sozialen und politischen Wandels in allen Teilen der Welt, in den älteren Nationen Europas und des Westens wie in den im Entstehen begriffenen Einheiten des post-kolonialen Afrika oder Asien. Kenntnisse der Entwicklung, des gerichteten Wandels und der Modernisierung waren innerhalb des ISSC Programms bereits ausführlich diskutiert worden, aber bis zu diesem Zeitpunkt hauptsächlich in Begriffen der Verfügbarkeit kodierbarer und quantifizierbarer Daten zur systematischen Verarbeitung: Daten über Wachstumsebenen und Wachstumsraten, über Unterschiede zwischen entwickelten und rückständigen Gebieten, über die Ausbreitung materieller und

[99] Die Vorträge dieser Konferenz in S. ROKKAN (ed.), *Comparative Research across Cultures and Nations*, Paris, Mouton, 1968.

kultureller Neuerungen, über die Geschwindigkeit wirtschaftlicher, sozialer und politischer Mobilisierung. Aber solche Daten müssen im weiteren Kontext historischen Wissens analysiert und interpretiert werden. Die Sozialwissenschaften können nur »Entwicklungs«-Wissenschaften werden durch die enge Zusammenarbeit mit denjenigen, die die Dimensionen der Zeit im sozialen Leben studieren, den Historikern. Zum ersten Mal wurden in einem ISSC-Programm Schritte unternommen, um Historiker und Sozialwissenschaftler zusammenzubringen und damit herauszufinden, wie sie sich bei vergleichenden Studien der Nationenbildung und der Prozesse der Modernisierung gegenseitig unterstützen könnten.

Die Diskussion auf dieser Konferenz hat einen breiten Konsens über die Prioritäten bei der Entwicklung inter-kultureller und inter-nationaler Forschung erbracht. Es schien allgemeine Übereinstimmung darüber zu herrschen, daß der International Social Science Council in der Lage ist, eine wichtige Maklerfunktion bei der Förderung vergleichender Forschung über politische, ideologische und kulturelle Grenzen hinweg wahrzunehmen. Gleichermaßen war klar, daß der Council allein keinen großen Fortschritt machen kann: Er muß sein Handeln auf Initiativen stützen, die an den Zentren der intellektuellen Innovation in den entwickelten Ländern eingeleitet werden; er muß seine Ressourcen in die Entwicklung von Einrichtungen für Querverbindungen der Kommunikation und Kooperation zwischen den aktivsten Forschungsgruppen in den verschiedenen Ländern investieren. Große Fortschritte, das ist wahr, sind schon und können immer noch durch Initiativen von Einzelnationen gemacht werden: wir haben gesehen, daß die große Masse der Datensammlungsoperationen bis heute tatsächlich in den Vereinigten Staaten geplant und unter bestimmten Vertragsformen in den anderen Vergleichsländern ausgeführt worden ist. Der International Social Science Council kann entscheidend zur Entwicklung der weltweiten Kooperation unter den Sozialwissenschaftlern beitragen, indem er Kanäle für Initiativen aus einem größeren Spektrum von Forschungsgruppen öffnet und die Koordinierung von Forschungsinteressen über die Grenzen hinweg ermöglicht. Das ist im wesentlichen die operationelle Strategie des »Europäischen Koordinations-Zentrums für Forschung und Dokumentation in den Sozialwissenschaften«.[100] Das Zentrum wurde 1963 vom Council eingerichtet, es hat sich bereits als nützliche Einrichtung für ein breites Spektrum von Forschungsgruppen erwiesen, die nur darauf warteten, inter-nationale Vergleiche innerhalb Europas einzuleiten.

Die auf der Pariser Konferenz versammelten Experten empfahlen übereinstimmend die weitere Arbeit auf jedem der bisher umrissenen Gebiete innerhalb des ISSC-Programms. Die UNESCO und eine Reihe nationaler Finanzierungsstellen haben bewiesen, daß sie dem Programm in einer Reihe von Punkten voranhelfen können. An der Koordination der archivalischen Entwicklungen ist weitergearbeitet worden, man hat einen internationalen ständigen Ausschuß eingesetzt, um weitestgehende Kooperation zwischen den am Aufbau von Archiven Arbeitenden, den Experten des Datenmanagements und den Benutzern aus den Sozialwissenschaften zu sichern. Auch für die Planung und Durchführung von Aktivitäten in der vergleichenden inter-nationalen und inter-kulturellen Forschung ist ein ständiger Ausschuß eingesetzt worden. Dieser Ausschuß hofft, eine Reihe von Symposien, Schulungskursen und »Seminaren der Konfrontation mit Daten« (›data confrontation seminars‹) zu organisieren, um einen größer werdenden Kreis von Sozialwissenschaftlern mit Problemen der Logik vergleichender Analyse vertraut zu machen. Der Ausschuß wird viel Energie darauf verwenden, neue Wege der Verbindung nationaler Analysen in einem inter-nationalen Rahmen zu erforschen. Mit dem Eintreffen einer neuen Computergeneration wird es technisch möglich werden, gemeinsame Analysesitzungen mit der systematischen Interaktion von Mensch und Maschine zu organisieren: Daten aus *n* Ländern über etwa dasselbe Spektrum von Variablen werden in einem Computer-Zentrum zusammengetragen, aufbereitet und an die Erfordernisse der jeweiligen Maschine angepaßt und einer großen Batterie von Analyseverfahren unterworfen. Wissenschaftler aus *n* Ländern kommen dann zusammen, um die alternativen Interpretationen des vom Computer vorgelegten Ergebnis-

[100] Vgl. die Berichte in *Social Science Information* 2 (3), 1963, pp. 90–123; 3 (3), 1964, pp. 70–76 und 4 (2), 1965, pp. 128–155.

ses zu diskutieren und die Maschine anschließend eine Vielzahl erneuter Analysen durchführen zu lassen, die die Vergleichbarkeit steigern oder die Unterschiede von Land zu Land, noch während die Wissenschaftler zusammen sind, klären können. Die Grundidee dabei ist natürlich, die Gewohnheitssünde der meisten bisher produzierten vergleichenden Analysen zu vermeiden: Das Einfrieren von Analyseplänen bevor die Landesexperten konsultiert worden sind. Es gibt offensichtlich Gefahren bei allen solchen Versuchen »Sofort«-Vergleiche durchzuführen, aber die Gegenwart der Wissenschaftler, die mit ihrem jeweiligen nationalen Kontext sehr vertraut sind, sollen es ermöglichen, durchführbare Lösungen zu finden. Ein erster Versuch in dieser Richtung hat unter der Schirmherrschaft des Inter-University Consortium in Ann Arbor, Michigan, 1969 stattgefunden; er konzentrierte sich auf Lokalitäten in etwa zehn entwickelten Ländern. Man kann nur hoffen, daß gleiche Experimente für andere Datentypen in den kommenden Jahren finanziert werden können: Daten aus Stichprobenerhebungen und -umfragen, aus Elitebiographien, Aggregatdaten aus »Statistiken der Nationenbildung« für Provinzen und ganze Länder, Daten des Typs der Human Relations Area Files. Diese Bewegung steckt noch in den Anfängen und sie hat die Schwierigkeiten des Zahnens noch vor sich. Aber es besteht Grund zu der Annahme, daß Seminare dieser Art häufiger stattfinden werden: der Computer und die Datenarchive werden mit Sicherheit die Bedingungen für den Fortschritt vergleichender inter-kultureller und inter-nationaler Forschung verändern.

In all diesen Punkten hängen die UNESCO, der International Social Science Council und seine Schwesterorganisationen in hohem Maß vom Enthusiasmus hingebungsvoller Forscher in den nationalen Zentren ab und vom guten Willen der Beamten der nationalen Ausschüsse und Stiftungen. Keine billige Abkürzung führt zum Ziel. Die Sozialwissenschaften können nicht durch ein Machtwort und nicht von oben internationalisiert werden: wir müssen die Basis der Forschungsgemeinschaft ermuntern, aktiv an der internationalen Arbeit teilzunehmen und dies kann nur durch bewußte und kontinuierliche Bemühungen geschehen, junge Forscher zu mobilisieren, die sich mit den Bedingungen und den Daten in anderen als ihrem eigenen Land vertraut machen wollen. Ohne eine dieser Sache verpflichtete Phalanx von Enthusiasten, die mit einer Vielzahl kultureller Kontexte vertraut sind, werden uns die Computer und die Datenarchive nicht näher an das Ziel einer weltweiten Wissenschaft vom *Menschen* und der *Gesellschaft* bringen.

Bemerkungen des Übersetzers

Stein Rokkan bemüht sich in diesem Beitrag zur komparativen Forschung, Begriffe zu präzisieren, »ein Vokabular der Humanwissenschaften« einzuführen. Deshalb ergibt sich für die Übersetzung ins Deutsche ein besonderes Problem. Rokkan unterscheidet »cross-cultural«, »cross-societal« und »cross-national«. Mit dieser prägnanten englischen Vorsilbe kann er vor allem »international« – zur Bezeichnung der Forschungsorganisation – von »cross-national« – zur Bezeichnung des Forschungsobjektes – abgrenzen. Eine entsprechende Vorsilbe fehlt im Deutschen: nur selten findet man »übernational« [s. Heinz E. Wolf, »Soziologie der Vorurteile«, in: *Handbuch der Empirischen Sozialforschung,* hg. v. René König (2 Bde. Stuttgart 1967, 1969), Bd. 2, 913: »Die Verknüpfung der Problematik der *Nationalen Vorurteile* mit den Techniken der *Umfrageforschung* ermöglicht instruktive Information auf übernationaler Basis.«] und »über-national« [Rudolf Heberle, Stein Rokkan, »Zum Problem der Wahlsoziologie«, in: René König, Hg., *op. cit.,* Bd. 2, 884: Das Grundprinzip der über-nationalen Studien dieser Art ist zweifach . . .«]. Die französische Übersetzung von Rokkans Beitrag wählt die Vorsilbe »trans«, die auch von Rokkan in seiner Abgrenzung der Begriffe erwähnt wird (s. o. S. 11); somit lauten die drei Bezeichnungen: »trans-culturelle«, »trans-sociétale« und »trans-nationale«. Die transzendentalen Anklänge, die diese Vorsilbe allen Bezeichnungen im Deutschen gibt, entschied hier gegen ihre Verwendung; doch beansprucht diese Wahl keine Allgemeingültigkeit.

Üblich sind im Deutschen in Anthropologie und Soziologie bereits »interkulturell« und »intergesellschaftlich«. In dem Beitrag von Peter Heintz, »Interkultureller Vergleich« im gleichen *Handbuch* [Bd. 1, 641 ff.] entspricht »interkulturell« jedoch dem von Rokkan als »cross-societal« definierten Forschungsbereich, nämlich dem Vergleich aller Gesellschaften gleich welcher Entwicklungsstufe. Diese Differenz soll in der hier vorgelegten Übersetzung durch die Bindestrichform verdeutlicht werden. Da im Englischen neben »cross-societal« und »cross-cultural« auch die Termini »intersocietal« und »intercultural« verwendet werden, ermöglicht der Bindestrich nunmehr dreierlei: Dieselbe

Vorsilbe kann für alle drei Begriffe benutzt werden; »international« wird von »inter-national«, in der von Rokkan skizzierten Weise [s. o. S. 10] abgegrenzt; Rokkans spezifische Bestimmung von »inter-kulturell« und »inter-gesellschaftlich« wird verdeutlicht.

Die Übersetzung eines Textes von Stein Rokkan durch Wolfgang Zapf und Zapfs Übersetzung eines eigenen Textes vermeiden die wörtliche Wiedergabe von »cross-national«. Zapf spricht abwechselnd von »komparativen«, »international komparativen« oder »Querschnitts«-Daten, Quellen bzw. Forschung. [vgl. Wolfgang Zapf und Peter Flora, »Som Peroblems of Time-series Analysis in Research on Modernization«, *Social Science Information* X – 3 (Juni 1971), 52–102; deutsch: »Zeitreihen als Indikatoren der Modernisierung: einige Probleme der Datensammlung und Datenanalyse«, *Politische Vierteljahresschrift* 12 (Juni 1971), 29–70]. S. hier: S. 29 »komparative Daten (cross-national data)« und S. 30: »Ersetzung von Querschnitts- durch Längsschnittsdaten« wo im englischen Text S. 55 steht: »to substitute longitudinal for cross-national data«. S. 31 deutsch: »komparative Forschung = S. 55 englisch: »cross-national research« oder bei inhaltlicher Differenzierung: »international-komparative Quellen« (cross-national comparative sources) abgesetzt zu »historisch-komparativen Quellen« (historical comparative sources)« [dt. S. 39 = engl. S. 63]. Dieser inhaltlich sinnvolle Ausweg ist beim vorliegenden Text Rokkans, der gerade die einzelnen Bezeichnungen abgrenzen will, nicht möglich. [Vgl. auch Stein Rokkan, »Die vergleichende Analyse der Staaten- und Nationenbildung: Modelle und Methoden«, in: Wolfgang Zapf. Hg., *Theorien des sozialen Wandels* (Köln, Berlin, 1969), pp. 228–252; englisch: »Methods and Models in the Comparative Study of Nation-building«, in: S. Rokkan, ed., *Citizens, Elections, Parties* (Oslo, 1970)].

Um den Umkreis zu bezeichnen, in dem Rokkan diese Begriffe definiert, seien noch zwei andere Versuche genannt. Erwin Scheuch grenzt die drei Bezeichnungen folgendermaßen ab: »Dieser Unterschied in den Bezeichnungen spiegelt Unterschiede in der Substanz wider, die meiner Meinung nach aus unterschiedlichen Arten den Kontext im Erklärungsprozeß begrifflich zu fassen, herrühren: wenn, in einer Kausalerklärung, der relevante Zug des Kontexts politische Organisation ist, dann wird die Forschung als ›cross-national‹ bezeichnet; wenn er soziale Organisation ist: als ›cross-societal‹ oder wenn er ›Kultur‹ ist: als ›Cross-cultural‹.« [E. Scheuch, »Society as Context in ›Cross-cultural‹ Comparisons«, *Social Science Information* VI-5 (Okt. 1967), 7–23 auf S. 19]. Diesen und andere Versuche nennen und beurteilen kritisch Ernst E. Boesch und Lutz H. Eckensberger, »Methodische Probleme des interkulturellen Vergleichs« *Handbuch der Psychologie* Bd. 7 *Sozialpsychologie 1. Halbband: Theorie und Methoden, hg* v. C. F. Graumann (Göttingen, 1969), 513–566; S. 516 ff.

Eine noch weitergehende Unterteilung schlagen Terence K. Hopkins und Immanuel Wallerstein in ihrem Aufsatz, »The Comparative Study of National Societies«, *Social Science Information* VI-5 (Okt. 1967), 25–58 vor:

»Unserer Ansicht nach bilden vergleichende Studien, die nationale Gesellschaften betreffen, als Standorte der Forschung oder als theoretische Einheiten des Vergleichs, eine Hauptgruppe komparativer Untersuchungen. Wir brauchen eine Bezeichnung um diese umfassende Unter-Kategorie zu kennzeichnen und verwenden den Terminus ›pluri-nationale‹ Studien. Gleichermaßen gibt es eine andere Hauptgruppe von Studien, in denen andere Arten von Gesellschaften (oder selbst umfassendere Ganzheiten wie Zivilisationen und Weltreligionen) als Quellen der Beobachtung oder als Einheiten des Vergleichs dienen: analog sollen sie kollektiv als ›pluri-kulturelle‹ Studien bezeichnet werden. Eine zweite Unterscheidung besteht zwischen drei Hauptorten pluri-nationaler Studien, je nach der ›Ebene‹ oder der Art der Einheiten, die in den Vergleichen benutzt werden: die Gesellschaften selbst (die gesellschaftliche Ebene), Individuen oder Kollektive innerhalb der Gesellschaften (sub-nationale Ebene) und Gruppen und Netze von Gesellschaften (supra-nationale Ebene). Wir wollen sie als ›cross-national‹ [inter-nationale], multi-nationale und internationale Studien bezeichnen (und entsprechend gibt es ›cross-cultural‹ [inter-kulturelle], multi-kulturelle und interkulturelle Studien . . .«

Diesen Unterscheidungen lassen Hopkins und Wallerstein ein Plädoyer für die klare Trennung zwischen allen vergleichenden

Studien, deren Objekt Nationalstaaten sind, und vergleichenden Studien anderer Einheiten folgen, und zwar aus Gründen der klaren Begrenzung von Forschungsverfahren, der zugrundeliegenden Annahmen und der theoretischen Perspektiven. Für sie ist diese Einteilung eine Frage der Forschungsstrategie, keine Frage von »essentials«. Die Auswahl von Untersuchungsproblemen, Plan und Durchführung von Forschung, Generalisierung und Kodifizierung von Ergebnissen sollen so durch Beschränkung erleichtert werden.

Heinrich Heine

Beiträge zur deutschen Ideologie

Mit einer Einleitung
von Hans Mayer

Ullstein Buch 2822

ein Ullstein Buch

Aus dem Inhalt:
Zur Geschichte der Religion und Philosophie in Deutschland (1834)
Die romantische Schule (1832 bis 1835)
Der Schwabenspiegel (1838)
Ludwig Börne: Eine Denkschrift (1839)
Einleitung zu »Kahldorf über den Adel in Briefen an den Grafen M. von Moltke« (1831)
Zeitgenössische Rezensionen und Stellungnahmen.

Theodor W. Adorno

Philosophie der neuen Musik

Ullstein Buch 2866

ein Ullstein Buch

Adornos Werk ist seit seinem ersten Erscheinen (1948) bis in unsere Tage der Schlüssel zur gesellschaftlichen und philosophischen Deutung der jüngsten Musik. »Durch dieses Buch bekommt man einen Begriff von der komplexen Leistung moderner Philosophie. Meinem Einblick nach vollzieht sich hier die großartigste Auseinandersetzung mit dem Problem der zeitgenössischen Musik seit Nietzsches Anti-Wagner.«

Max Bense

Georg Wilhelm Friedrich Hegel

Phänomenologie des Geistes

Mit einem Nachwort
von Georg Lukács

Ullstein Buch 2762

ein Ullstein Buch

Aus dem Inhalt:
Text der Erstausgabe (1870) mit den Varianten der »Werke« (1832/1841) und der Ausgabe von Johannes Hoffmeister (1952, 6. Auflage). Nachwort von Georg Lukács. Hegels Selbstanzeige. Rezensionen von Karl Joseph Windischmann und Karl Friedrich Bachmann. Texte von Karl Marx und Rudolf Haym. Bibliographie. Vergleichendes Inhaltsverzeichnis der wichtigsten Ausgaben.

Friedrich Nietzsche

Werke in fünf Bänden

Herausgegeben von Karl Schlechta

ein Ullstein Buch

Werke I
Ullstein Buch 2907
Geburt der Tragödie / Unzeitgemäße Betrachtungen / Menschliches, Allzumenschliches

Werke II
Ullstein Buch 2908
Morgenröte / Die fröhliche Wissenschaft / Also sprach Zarathustra

Werke III
Ullstein Buch 2909
Jenseits von Gut und Böse / Götzendämmerung / Ecce Homo / Der Antichrist u. a.

Werke IV
Ullstein Buch 2910
Aus dem Nachlaß der Achtziger Jahre / Briefe

Werke V
Ullstein Buch 2911
Anhang (Zeit- und Lebenstafel, Philologischer Nachbericht, Anmerkungen zu den Briefen) / Index / Bibliographie

Joan Robinson

Die Akkumulation des Kapitals

Ullstein Buch 2866

ein Ullstein Buch

In den letzten hundert Jahren galten nationalökonomische Erörterungen und Untersuchungen vorwiegend der Frage, welche Faktoren die Preisrelationen bestimmen. Daß die Kapitalakkumulation Probleme aufwirft, die über die bloße Beziehung zwischen Menge und Preis hinausgehen, war zwar wohlbekannt, wurde jedoch beiseite geschoben. Aus dieser Erkenntnis heraus entstand der Versuch Professor Joan Robinsons, den Akkumulationsprozeß zu analysieren. Ihre Arbeit wurde zu einem international anerkannten Standardwerk der Nationalökonomie.

Karl Marx

Das Kapital

Kritik der
politischen Ökonomie

ein Ullstein Buch

Band I:
Der Produktionsprozeß
des Kapitals
Mit einem Geleitwort
von Karl Korsch
Ullstein Buch 2806

Band II:
Der Zirkulationsprozeß
des Kapitals
Mit einer Leseanleitung
von Rudolf Hickel
Ullstein Buch 2805

Band III:
Der Gesamtprozeß der
kapitalistischen Produktion
Mit einem Nachwort
von Harald Gerfin und
Rudolf Hickel
Ullstein Buch 2807